歴史文化ライブラリー
536

信濃国の南北朝内乱

悪党と八〇年のカオス

櫻井 彦

吉川弘文館

目　次

南北朝内乱が長期化した信濃国——プロローグ

六〇年続いた内乱

元弘三年（一三三三）、後醍醐《ごだいご》天皇は鎌倉幕府の打倒に成功する。しかし、その後樹立した建武政権の運営には失敗。その過程で、倒幕の功労者でもあった足利尊氏《あしかがたかうじ》と対立し、建武三年（一三三六）には尊氏が光明《こうみょう》天皇を擁立する。このため後醍醐は吉野《よしの》（奈良県吉野町）に入り、皇統は京都（北朝）と吉野（南朝）に分裂することになった。

その後、明徳三年（一三九二）、室町幕府の三代将軍足利義満《よしみつ》主導のもと、両朝が合一するまでの内乱状況を、厳密な意味での南北朝内乱という。しかし実際の社会情勢としては、倒幕運動に連動した争乱が全国化した段階で、南北朝内乱に入ったといってよいだろう。

この内乱は、建武政権崩壊に伴って誕生した南朝と、室町幕府の抗争が長期化したものといえる。内乱期の形勢としては、南朝が断続的に優位に立つ場面や時期はあったものの、おおむね幕府が優勢を保っていた。しかし、幕府は南朝を決定的に追い込むことができなかった。なぜ室町幕府は南朝を京都に呼び戻し、皇統を統一するために六〇年ほどを要したのか。逆に、南朝が粘り強く抗争を継続できた理由はどこにあるのか。内乱状態が六〇年間継続したことを踏まえれば、内乱のなかで何らかの変化が生じていたからこそ、長期化したと考えられる。内乱長期化の要因はさまざまに指摘されているが、とくに地域社会からの視点に立ったとき、その変化とはどのようなものだったのか。本書の関心はこの点にある。

幕府滅亡と悪党

内乱は、元弘元年（一三三一）後醍醐の側近吉田定房《よしださだふさ》の密告で、倒幕計画が露見したことから始まった。

笠置山《かさぎやま》（京都府笠置町）における後醍醐自身の抵抗運動が、わずか一ヵ月程度で鎮圧されていること（元弘の変）からもあきらかなように、鎌倉幕府と朝廷の軍事力の差は歴然としていた。それにもかかわらず、最終的にはこれをきっかけとして幕府が滅亡するのはなぜなのか。その原因は多岐にわたるが、とくに重要な要因のひとつが、深刻化していた「悪党」問題であったことは間違いない。

悪党という存在

「悪党」は、一般に悪人・悪事を働く人びとを指す言葉である。しかし、一四世紀の社会においては、荘園領主や幕府に武力抵抗を試みた人たちのことを指した。彼らの立場は、荘園経営にかかわる荘官や地頭《じとう》など実に多様で、地域社会に深く関与した人びとであった。

そのため悪党をめぐる事件は、主として荘園制のもとで発生している。荘園領主の地域支配に対する姿勢の変化や強化が、該当する地域社会において、一定程度の権益を有していた人びとの正当性に抵触した場合に引き起こされることが多かった。彼らはその正当性を主張するために、対立する人びとへの暴力的な行為も辞さず、地域社会の治安が脅かされることになった。彼らのなかには、次第に展開・浸透していた流通経済に通じる者たちも多く、そのネットワークは広範に及び、荘園領主や幕府の統治機能を大きく超えるまでに成長していた。それゆえ、幕府は彼らを「悪党」と規定して捕捉しようとしたが、その活動を十分に鎮静化させることはできなかったのである。

悪党とその周辺の人びと

悪党と呼ばれた、こうした存在が幕府滅亡に大きく関与したことは、楠《くす》木正成《のきまさしげ》や赤松則村《あかまつのりむら》（円心《えんしん》）が後醍醐の倒幕運動にいち早く賛同した、という事実からも明確であろう。正成は河内国を拠点として、伊賀国をはじめ周辺諸国にもつながりをもち、悪党とも称された人物であった。円心は、播磨国佐用《さよの》荘《しょう》赤松村（兵庫県上郡町《かみごおりちょう》）を出自とする一族で、正成のように悪党と呼ばれた史料は存在しない。しかし、周辺地域に大きな影響力をもつ一族であって、近隣の矢野荘《やのしょう》（兵庫県相生《あいおい》市）で悪党と呼ばれた飽間氏《あきまし》と連携していたことが知られている。彼も悪党と同じような生活圏で活動した、「悪党的存在」であったと考えてよいだろう。

この飽間氏と赤松氏の関係は、鎌倉時代末期に頻発した悪党問題の深刻さを物語っている。すなわち、荘園領主や幕府が悪党と認識・認定した人びとの周辺には、彼らと連携し、生活圏を共にするような人びとが存在していたのである。現代でも、悪事を企てて事件を起こした首謀者を「張本人」というが、悪党事件の主犯も「張本《ちょうほん》」と呼ばれた。幕府はこの張本摘発に腐心するが、その周辺に連携する人びとが存在する以上、彼らを排除しただけでは、地域社会で悪党問題が発生する要因は完全には解消されなかったのである。

南北朝内乱は、こうした悪党問題が深刻化していくなかで始まり、この問題解決に時間がかかったために長期化した、という側面もあった。ただし、悪党事件の具体的な事例は、西国に多いことが知られている。こうした傾向には、悪党と荘園領主との関係性から、東国と比較して西国に強固な荘園支配を展開する荘園領主が多い、という点が作用していると思われるが、果たしてそれだけであろうか。

西国に多い悪党事件

東国にも荘園は存在し、西国で悪党たちの生活基盤となった流通経済の展開も確認できる。また、地域社会に権益を保持する有力者層も、西国同様に存在した。全国化した内乱を悪党問題に関連づけて考えようとするとき、悪党事件発生件数の全国的な差異を、どのようにとらえるべきなのか。

この点に関しては、悪党張本と呼ばれた事件の中心的な存在ではなく、悪党と同じような行動をとりながらも悪党と呼ばれなかった、「悪党的存在」ともいえる人びとを視野に入れることで検討したい。

悪党と呼ばれるか否かの分岐点

悪党たちは自らが主張する正当性に基づいて、その権益を否定しようとする存在に対する武力発動も辞さなかった。そのため、本来彼らが拠り所とすべき地域社会とも、重大な軋轢《あつれき》を生んでいる。悪党と呼ばれるか否かの分岐点として、これは重要な側面であろう。

東国と西国の境界——信濃国

こうした視角から南北朝内乱が長期化した一因を考える舞台として、信濃国は魅力的である。その地理的環境が、強力な荘園領主が存在する西国と、そうした存在が少ない東国の中間に位置するということは、大切な要素である。その信濃国では鎌倉時代以降、南北朝時代を通じて、さまざまな出来事が起こっている。それらひとつひとつの出来事は、信濃国の内乱状況を考えるうえで無関係とは思えない。

たとえば、①鎌倉時代初期には源氏《げんじ》将軍家と緊密な関係にあり、その後台頭した北条《ほうじょう》氏《し》が信濃国の守護職を世襲したため、その影響力を強く受けるようになること、②そのため建武政権の樹立後には、政権崩壊と室町幕府誕生のきっかけとなった、北条氏の遺児たちを中心とした「中先代《なかせんだい》の乱」の起点となること、③その後の内乱期には、後醍醐の皇子の宗良《むねよし》親王が長く信濃国内に滞在し、南朝勢力抵抗の拠り所のひとつとなっていたこと、④そして南北朝合一直後には、信濃国内の地域有力者が結束して、「大文字一揆《だいもんじいっき》」と呼ばれる連合体を結成し、「大塔《おおとう》合戦」に勝利して、守護小笠原《おがさわら》氏《し》の統治を拒絶していること、などである。一般に、南北朝内乱の期間は約六〇年間とされるが、信濃国内では①〜④の出来事が関連しあって次々に引き起こされた結果、内乱状況が収束へ向かうために、両朝合一後、さらに二〇年間を要さねばならなかった。

このような歴史をもつ信濃国の研究蓄積は厚い。戦前の信濃教育会編『建武中興を中心としたる信濃勤王史攷』をはじめ、小林計一郎氏が『信濃中世史考』にまとめられた一連の研究のように、信濃国をフィールドとしてなされた成果は膨大である。そして、その蓄積に支えられた各自治体史も充実している。執筆に際し、とくに『長野県史』の成果は図表なども転載して、しばしば参考にした（引用する場合、『県史』と略記し、通史編の巻号を付した）。信濃国の中世史研究が早くから盛んであった背景に、関連史料を編年で収集した史料集『信濃史料』があったことはいうまでもない。現在は長野県立歴史館がインターネット公開しており、東京大学史料編纂所が公開しているデータベースとともに大いに活用させていただいた。

信濃国の八〇年

本書では、信濃国が内乱状況にあった八〇年間の国内動向を、全体的な政治史の流れのなかに位置づけていく。しかし、長く重厚な信濃国中世史研究においても、いまなお見解が一致せず、あるいは未解明な点も多い。残念ながら、そのひとつひとつに向き合うことはできないが、可能な限り検討していきたい。

ところで、この八〇年を地域社会の視点から考えるうえで重要な、信濃国内の悪党に関連する史料は一点しか残されていない。信濃国で悪党事件は発生しなかったのか。詳しくは本編に譲るが、少なくとも悪党的な行動をとる人びとは存在していた。それではなぜ、彼らは悪党と呼ばれなかったのか。この疑問に迫るために、悪党的行動をとり得る存在である国人《こくじん》層を含む地域有力者については、出自などにも極力注意したい。そして悪党的な行動をとりながら、悪党化しなかった人びとのありようとその変化のなかに、南北朝内乱が長期化した一因を見出し、先学によってあきらかにされてきた信濃国の史実を解釈してみたい。

内乱以前の信濃国

地理的環境と古代東山道

多様な自然環境

信濃国の歴史が、さまざまな自然環境に影響されたことはいうまでもない。そしてその自然環境の多様さは、内陸環境の特徴をすべて備えているといえるほどのものである。すなわち北アルプス（飛騨《ひだ》山脈）に代表される急峻な山々と、その周辺の高原地帯、千曲川《ちくまがわ》や天竜川《てんりゅうがわ》などの大河川や、散在する諏訪湖《すわこ》や野尻《のじり》湖《こ》といった湖などである。最初に『県史』一の「長野県の地形」図から、地形や河川などの標記だけを残して転載し、そうしたイメージを確認する参考にしたい。

まず最大の特徴といえるだろう山岳地帯についてみてみると、標高三〇〇〇メートル前後の峰々からなる山脈が南北に、西から順に北アルプス・中央アルプス（木曽《きそ》山脈）・南アル

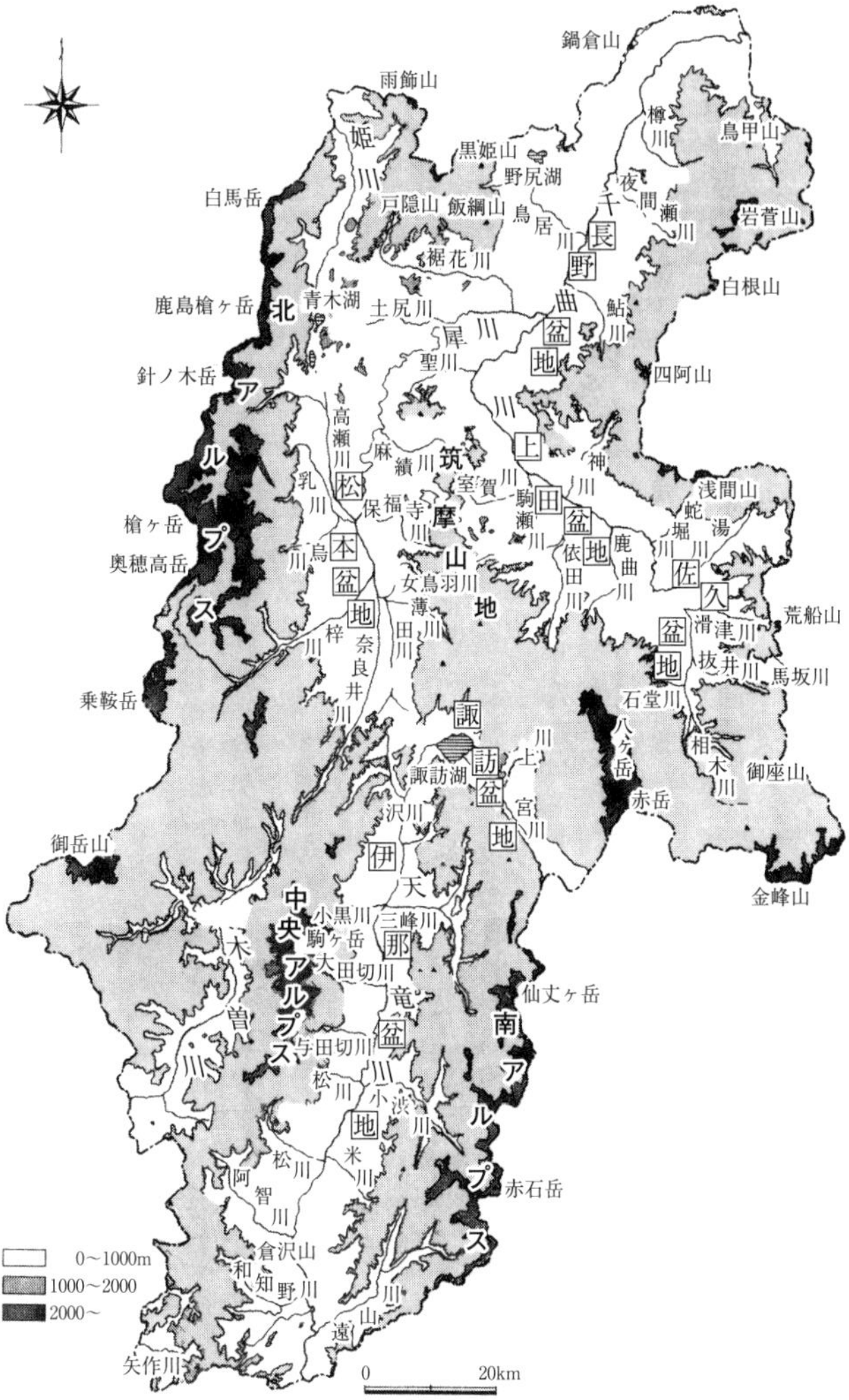

図１　長野県の地形（『県史』１）

プス（赤石山脈《あかいしさんみゃく》）と連なっている。このうち信濃国内の南部に存在する中央・南両アルプス間には、やや標高の低い伊那《いな》山地があって、この伊那山地と南アルプスの間は、地質学的に重要な日本最大の断層「中央構造線」が観察できる地域である。また、信濃国内中央部には、南から八ヶ岳《やつがたけ》連峰・筑摩《ちくま》山地・戸隠《とがくし》三山などの山塊が散在しており、東部の関東山地には標高二〇〇〇㍍級の山々が連なっている。そして東北部には浅間山《あさまやま》に代表される上信《じょうしん》火山帯が存在しており、信濃国は実に多様な山々によって構成されているのだった。

こうした多くの山々は、豊かな水源にもなっている。天竜川は諏訪湖を主な水源とするが、千曲川のほか木曽川や犀川《さいがわ》などは信濃国内の山岳地帯を水源としている。これらの河川は山脈・山塊間を南北に流れ、美しい渓谷を形成している箇所も多い。また流域には、飯山《いいやま》・長野・上田《うえだ》・松本《まつもと》・諏訪・伊那といった盆地が散在し、現在に至るまで農業生産を担う地域である。安貞元年（一二二七）九月二十五日には信濃国の耕作状況について、「国中皆熟田」との報告がなされていたことが、藤原定家《ふじわらのさだいえ》の日記『明月記《めいげつき》』にみえている。

ところでこのときの報告者は、信濃国の水田がよく耕作されて収穫のある水田ばかりである「米穀の運上《うんじょう》無きにより、住民皆豊穣」と続けている。稲作が積極的に行なわれているにもかかわらず、その収穫物は租税として運上されておらず、そのため住民たちはみな豊かであったというのである。収穫物がきちんと運上されない理由のひとつに、運送費の問題があったとされている。

京都との交通

律令制《りつりようせい》下で信濃国は東山道《とうさんどう》のうちに数えられ、『和名類聚抄《わみようるいじゆしよう》』によれば国府《こくふ》（松本市）と京都の間は、上りが二一日、下りは一〇日の行程であった。東山道は近江国勢多駅《せたのえき》（滋賀県大津《おおつ》市）を起点として、美濃・信濃・上野・下野各国を経由して陸奥国に至る街道である。道中の各国に設置された駅には駅馬《えきば》が置かれたが、信濃国内の駅に置かれた馬の頭数は、『延喜式《えんぎしき》』に阿知《あち》（阿智村）三〇疋、育良《ゆくら》（飯田《いいだ》市）・賢錐《かたぎり》（中川村《なかがわむら》）・宮田《みやた》（宮田村）・深沢《ふかざわ》（箕輪町《みのわまち》）・覚志《かかし》（塩尻《しおじり》市）各一〇疋、錦織《にしごり》（松本市）・浦野《うらの》（青木村《あおきむら》）各一五疋、曰理《わたり》（上田市）・清水《しみず》（小諸《こもろ》市）各一〇疋、長倉《ながくら》（軽井沢《かるいざわ》町《まち》または御代田町《みよたまち》）一五疋、麻績《おみ》（麻績村）・曰理《わたり》（長野市）・多古《たこ》（同市）・沼辺《ぬのへ》（信濃町）各五疋、と規定されていた。

このなかで注目したいのは、駅馬三〇疋と規定された阿知駅と、一五疋の錦織・浦野・長倉各駅についてである。駅馬の頭数が多いということは、それだけの馬が必要であるということであって、その前後の交通が困難だったことを意味していると考えられる。いま、

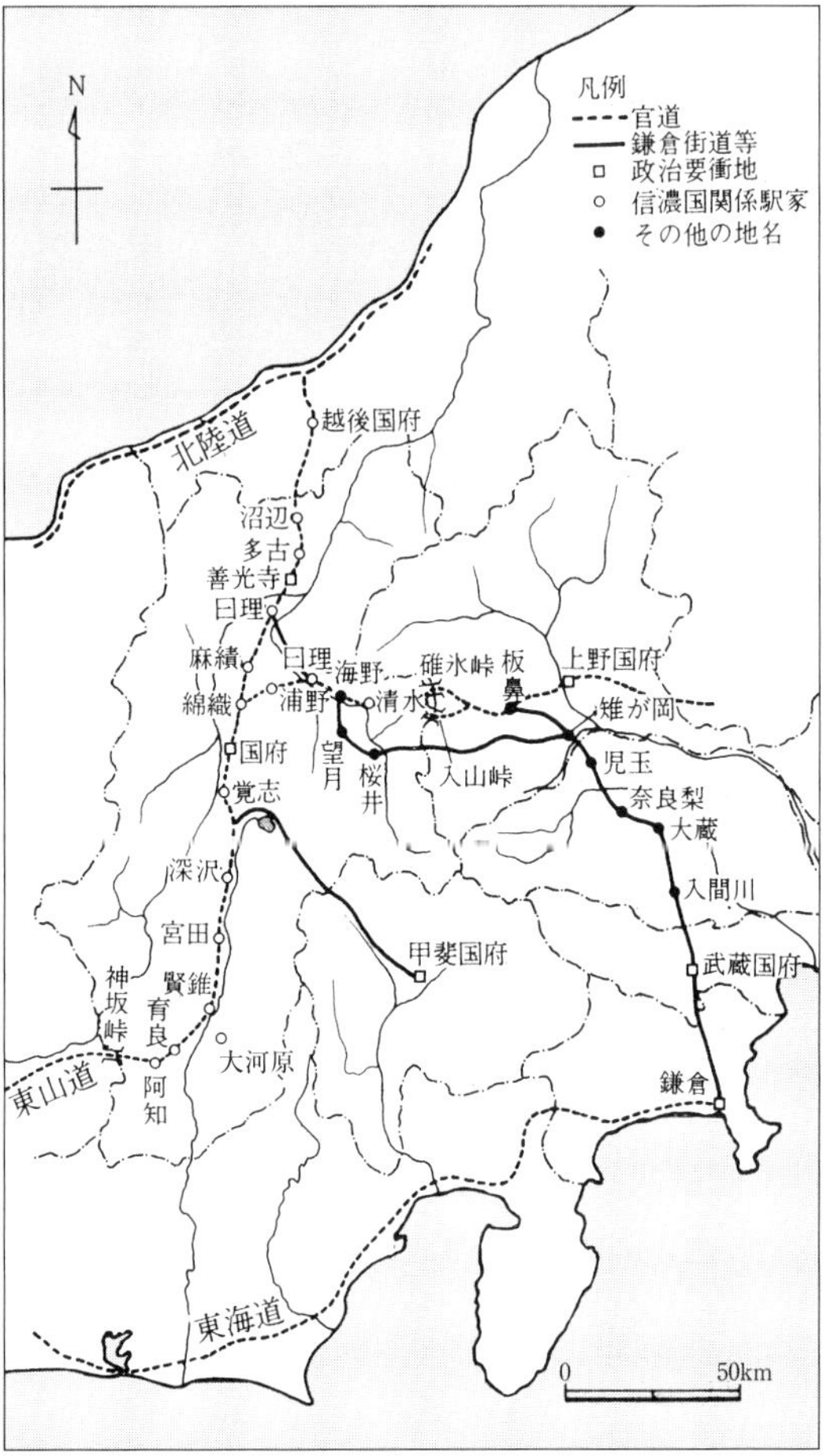

図２　信濃を中心とする主要道（『県史』２に一部加筆）

これら四駅の位置を確認すれば、阿知駅は美濃国の国境を越えた最初の駅で、北アルプスを挟んだ反対側の美濃国坂本駅《さかもとのえき》（岐阜県中津川《なかつがわ》市）の駅馬も三〇疋であった。また錦織・浦野両駅間には筑摩山地が存在し、長倉駅は碓氷峠《うすいとうげ》から上野国に入る国内東端の駅で、関東山地を越えた上野国坂本駅（群馬県安中市《あんなか》）も一五疋の駅馬が設置されていた。すなわち信濃国内を貫通する、重要幹線東山道の両端は難所として認識されていたのである。なお、錦織駅から北進する麻績・曰理・多古・沼辺各駅の先は越後国に通じており、これも重要幹線であった。

京都へ向かう際には、北アルプス中の信濃坂を越える必要があった。駅馬の設置状況から勘案すれば、物資の輸送には多くの人馬が必要とされたはずで、人夫への支払いなども考慮されたに違いない。こうした状況は貢納物の品目に影響したと思われ、米穀の租税化は得策ではない、との判断があっても不思議ではない。そうした律令時代の認識が鎌倉期にも残存しており、それが先の『明月記』の記事となったのであろう。ただし信濃国から京都への米穀輸送そのものが、中世になってなお、本当に皆無であったかどうかはわからない。しかし「信濃国から京都への米穀の運上はなかった」という証言は、信濃国の地理的な特色のひとつを言い当てているといえるだろう。

信濃国からの貢納物

それでは信濃国からは、どのような物品が貢納されていたのであろうか。『県史』二による荘園年貢に関する整理を参考にすれば、そこに信濃国の豊かさを見出すことができる。実にさまざまな貢納物が存在し、それはす

表1　信濃における荘園年貢（『県史』2）

布	細美布・白布（太田荘），白布（塩田荘），六丈布・四丈布（麻績御厨），四丈布・雑用布（長田御厨），代布（藤長御厨），布（仁科御厨），垂布（市村高田荘），年貢布（千国荘），牛腹帯白布（伴野荘）
	細布・中布（宮田村）
絹	見絹（太田荘），綾被物（塩田荘）
褐	褐類（海野荘），御馬褐（太田荘）
萱藁類	御簾（住吉荘），御簾・伊予簾（市村高田荘），御座（住吉荘）
野菜類	御座（市村高田荘）
	殿上京筵畳・御更衣畳（市村高田荘）
	御菜（住吉荘）
	移花（市村高田荘）
	木賊《トクサ》（　〃　）
果樹類	搗栗（麻績御厨）
	干棗（　〃　）
	干桑（信濃公領）
	梨子（　〃　）
魚　類	鮭・鮭児（麻績御厨）
牛馬類	馬（長田御厨），駒（洗馬牧），牛（洗馬牧）
	馬（望月牧・岡谷牧・桐原牧）
	大壺（洗馬牧）
	胡簶（　〃　）
砂　類	砂（住吉荘・市村高田荘）
銭	銭（公領・春近領・太田荘・塩田荘・伴野荘）

なわち国内産業の多様さを示している。

麻布は平安時代から珍重され、「信濃布《しなののぬの》」と呼ばれて特産品となっていた。また牛馬の貢納は信濃国の重要な特色で、地理的環境を生かして牛馬の育成のために開発された牧が律令時代以来設置され、鎌倉時代にも二八ヵ所存在したという。なかでも望月牧《もちづきのまき》（佐久《さく》市周辺）は、多くの牧が有名無実化していくなかで、建武年間（一三三四〜三八）に至るまで馬の貢納が継続したとされる。

牧のような、信濃国の自然環境を利用した生産活動同様、天然資源を貢納物としたのが、神社に供物を調進する御厨《みくりや》であった。麻績御厨（麻績村）は伊勢神宮（三重県伊勢市）に鮭などを貢納しているが、そうした御厨は中世史料から、国内の河川流域に九ヵ所確認されている。急峻な山々に囲まれ、厳しい自然環境にある内陸地域といった地理的環境によって、信濃国では多様な生産活動が営まれ、律令国家にとって重要な存在であったことが貢納物の品目からわかるのである。

信濃国の荘園・御厨・公領

分布の状況

牧や御厨のほか、信濃国内に成立した中世荘園の具体名を知る史料としては、『吾妻鏡《あずまかがみ》』文治二年（一一八六）三月十二日条が有名である。ここでは鎌倉幕府が管理する国々のなかで、荘園領土への貢納が実現されていないとされた荘園などが書き上げられているが、信濃国内の荘園・御厨などは六六ヵ所が確認できる。もちろん、これらのほかに荘園として機能していたものも存在し、そうした荘園も含めて中世史料を確認すると、信濃国には貴族や寺社の私有地である荘園などが約九八、国司が管理する公領は一一三であったという。『県史』一は国内の郡ごとにこれらの荘園と公領を整理しており、所在地が判明する荘園・公領の数を、信濃国の略地上図に「信濃国荘園公領

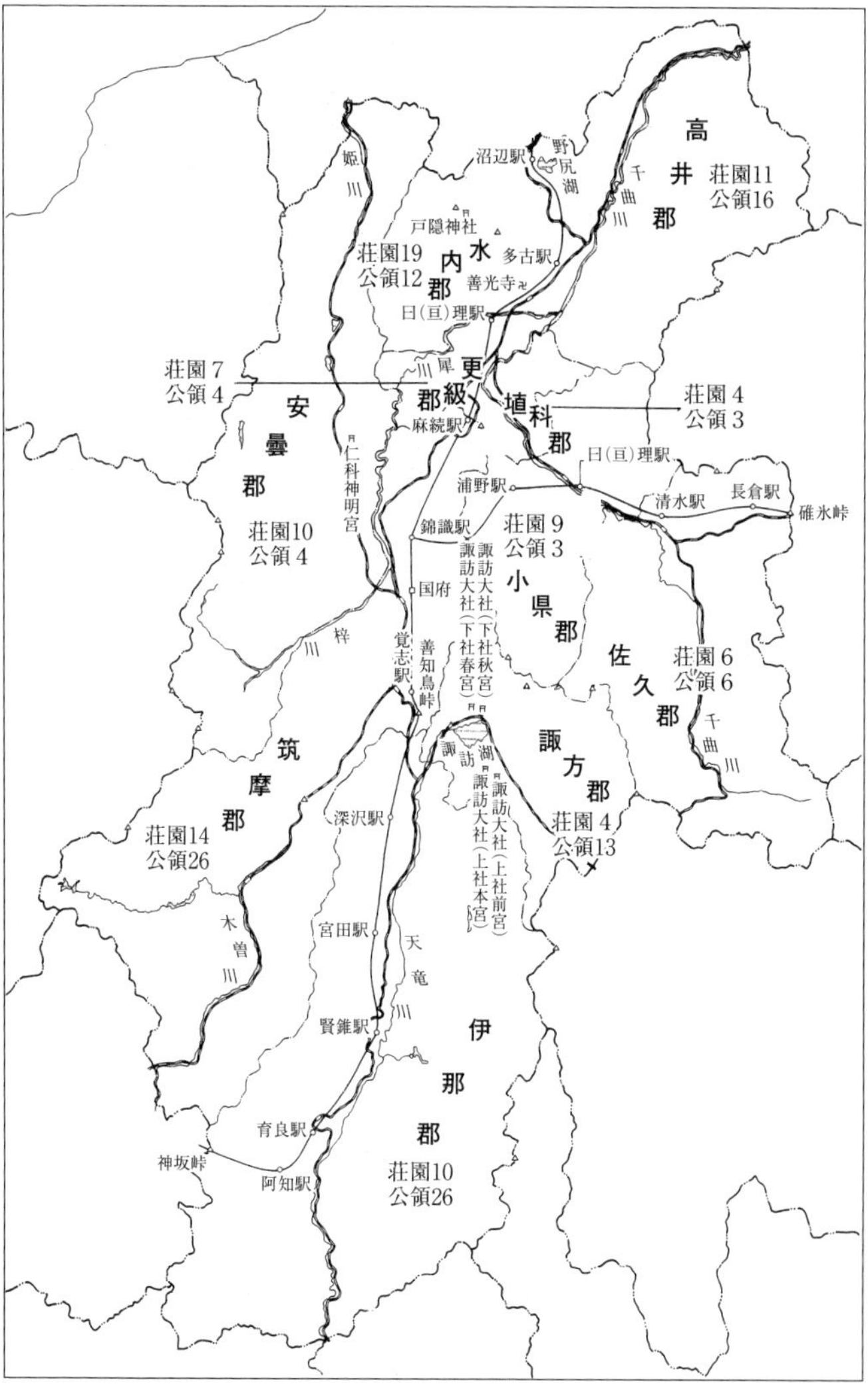

図3　信濃国荘園公領所在数分布図

所在数分布図」として示せば以下の通りである。

この「分布図」からいえる特徴としては、伊那・筑摩・諏訪各郡で確認できる公領が多いことであろうか。この三郡は東山道を利用して国府（松本市）と京都を往来した場合、その道中にあたる地域であって、国内では京都との交流が比較的頻繁であったと思われ、そうした点が影響しているのかもしれない。

一方で荘園の比率が高かったのは、水内《みのち》・安曇《あずみ》・小県《ちいさがた》各郡であった。その理由についてははっきりしないが、水内郡内には善光寺《ぜんこうじ》（長野市）や戸隠山顕光寺《とがくしさんけんこうじ》（戸隠町）など、広く信仰を集める寺院が存在しており、その周辺に荘園が成立した可能性もあるだろう。また、国府から離れた山間・渓谷地帯などの耕地条件に恵まれない地域に、荘園が成立している傾向があるとされている。

さらに女院領に代表される皇室関連荘園と左馬寮《さまりよう》領の牧などの実質的に皇室領といえるものは合わせて六〇ヵ所で、全体の約六割を占めている。そのほかに皇室とのかかわりが深い伊勢神宮の御厨が九ヵ所、摂関家領は八ヵ所が確認されている。先の『吾妻鏡』の記事が示しているように、史料に名が残る荘園とはいえ、どれだけの実態があったかはわからないが、信濃国における皇室関係の所領の多さは注意されるべきだろう。一方で、春日《かすが》神社（奈良市）・興福寺《こうふくじ》（同市）・東大寺《とうだいじ》（同市）といったいわゆる南都寺社の所領がみられないことも、大きな特徴の一つといえる。

佐久郡の場合

国内の荘園と公領のあり方を知るうえで、とくに参考になるのが佐久《さく》郡の状況である。同郡平賀郷《ひらがのごう》（佐久市）は、治承《じしょう》・寿永《じゅえい》の内乱（一一八〇～八五）当初、木曽義仲《よしなか》とともに以仁王《もちひとおう》の令旨を受けた名門の武士源盛義《みなもとのもりよし》が本拠とした地で、盛義は『平家物語』巻四の「源氏揃《げんじそろえ》」では「平賀冠者盛義」とみえている。盛義の一族は周辺に展開しており、また開発領主を出自とする一族が平賀氏に所領を寄進する場合もあって、平賀郷には広範囲の郷村が含まれていた。

また同郡には、後白河院《ごしらかわいん》領佐久伴野荘《とものしょう》（佐久市）と八条院《はちじょういん》領大井荘《おおいのしょう》（同市）が存在する。平賀氏を、自己の権益を保持するための有力な後ろ盾と考え、所領を寄進した人びとが存在したのと同様に、後白河院や鳥羽《とば》上皇皇女八条院暲子《しょうし》内親王をそうした存在と認定する人びとがそれぞれに寄進した結果、三者の存在状況は以下のようになったのである。三者は複雑に入り組みながら共存しており、それぞれが全域的に存在して境を有するような、一円的な領域をもっていたわけではなかった。

ところで、佐久伴野荘といえば『一遍上人絵伝《いっぺんしょうにんえでん》』に描かれた「伴野市」の姿が思い浮

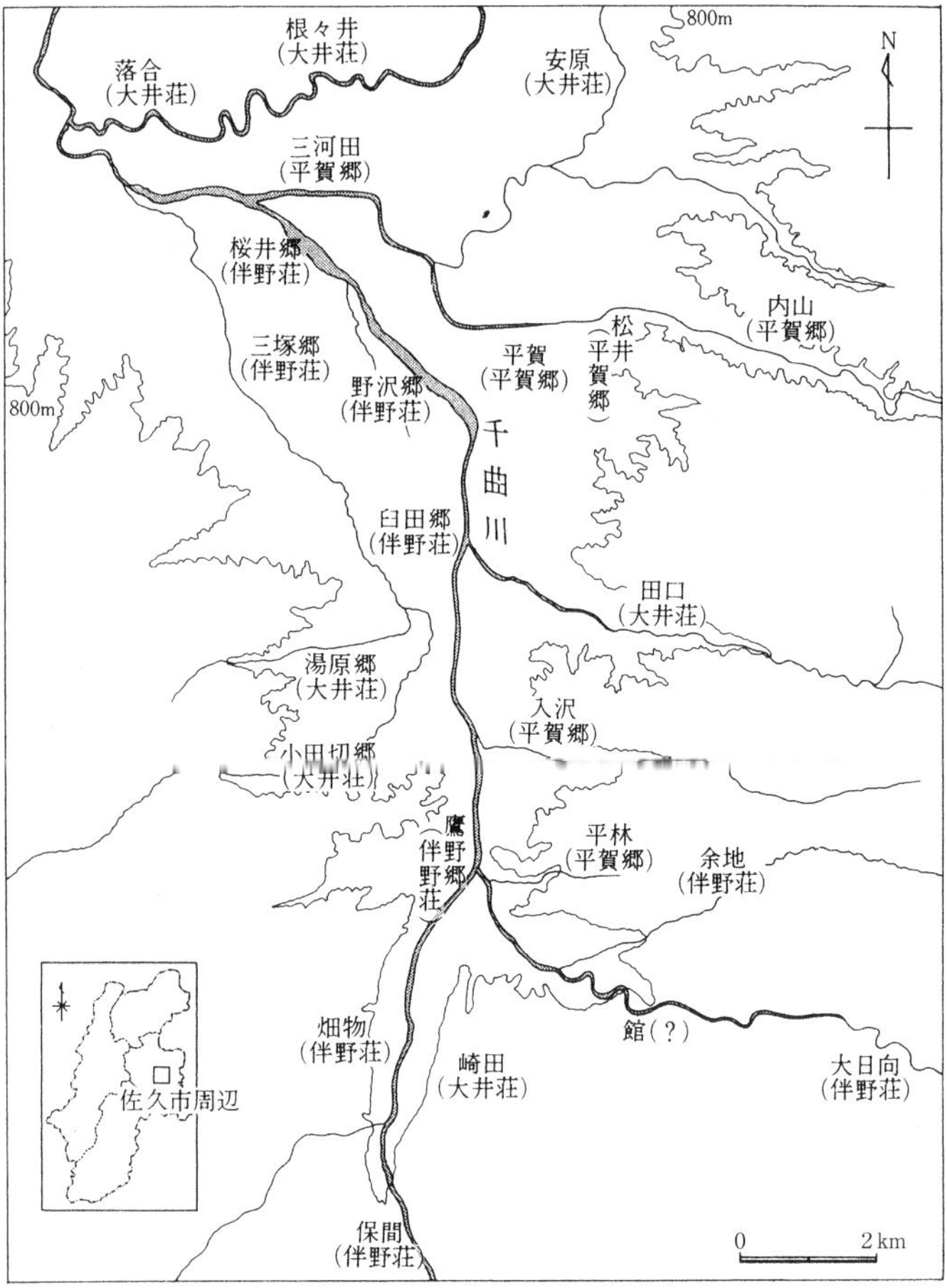

図4　佐久における荘園・公領の入り組み状況(『県史』2)

図5　伴野市（『一遍上人絵伝』巻4，清浄光寺〈遊行寺〉所蔵）

かぶ。一遍は善光寺参詣の道中、ここで踊り念仏を行なっているが、描かれた市場の様子は、近くでは牛が放牧されて、建てられた掘っ立て小屋には商品が見当たらず、とても活気に満ちているとはいえない。この様子は、鎌倉時代の市場が常設ではなかったことを示しているが、特定の日には人びとが集まり、商品の売買がなされていた。市場という空間が、人びとの集まることができる場であるという認識が共有されていたために、一遍は踊り念仏開催の場としたのであった。

春近領の存在

一円的な領域をもたないという意味では、「春近《はるちか》」領も同様である。「春近」と呼ばれる所領は、信濃国だけではなく越前・近江・美濃・上野

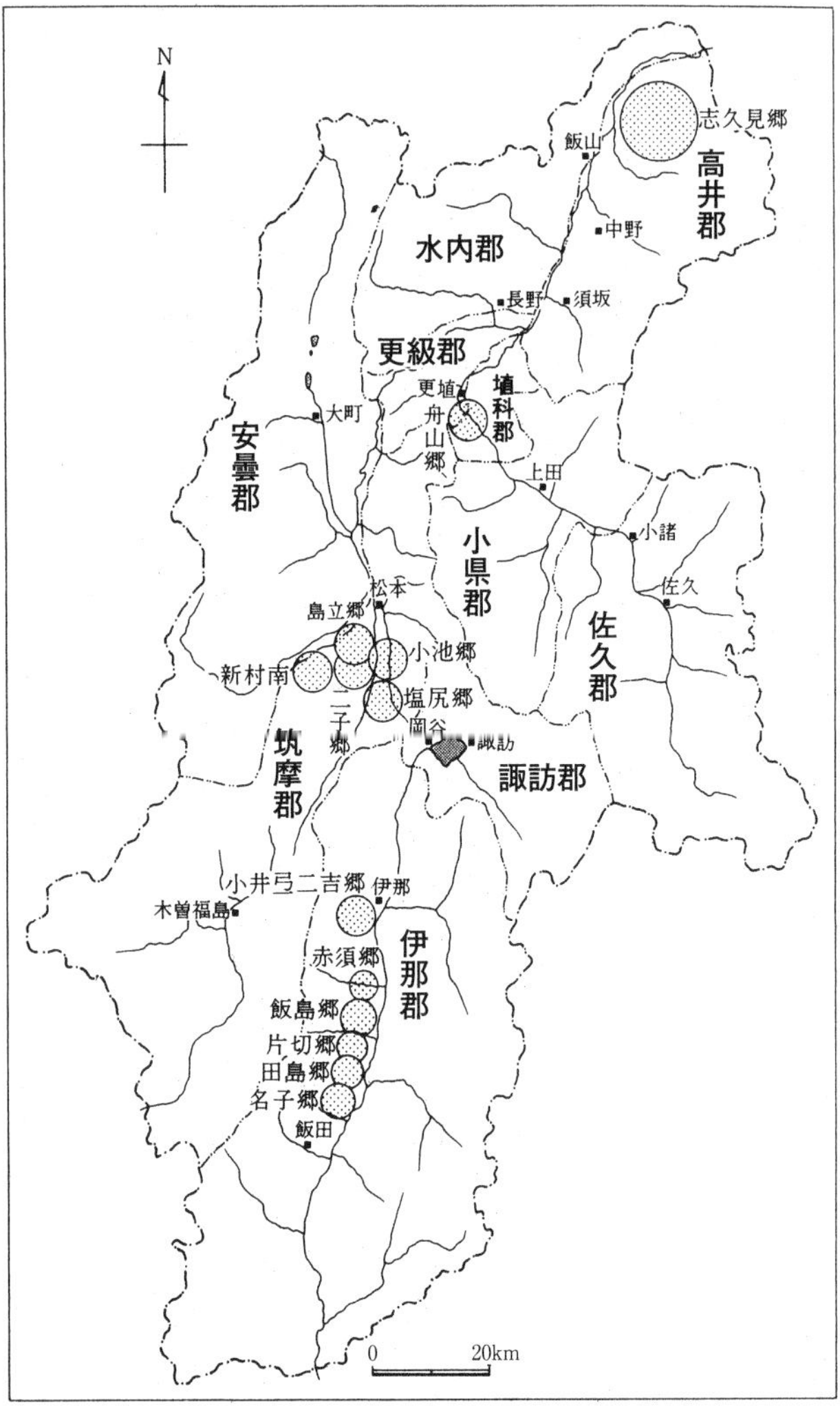

図６　信濃における春近領の分布（『県史』２）

各国で確認されている。それらは国衙《こくが》付近に分布することから、公領のなかでもとくに有力な在庁官人が、大規模に管理を請け負った地域と考えられており、信濃国の場合は、先の『吾妻鏡』文治二年（一一八六）六月九日条が初見史料とみられている。春近領の性格上、それが一円的に存在する必然性はないわけで、実際に信濃国春近領は信濃国全域に散在していた。そのため南部の六郷を伊那春近、中部五郷を近府春近、北部の二郷を奥春近と称した。

伊那春近は天竜川流域に存在しており、いくつかの市場の存在も知られ、流通活動の拠点となっていたと思われる。ただし「伴野市」同様、恒常的に商品が流通するほどのものではなかったであろう。近府春近は、その存在地域から諏訪神社（諏訪市・下諏訪町）の影響が強かったという。また、奥春近のうち志久見郷《しくみのごう》（栄村《さかえむら》）周辺の志久見山は、狩猟のために開発されて狩倉《かりくら》（狩場）となっており、寛喜元年（一二二九）には鷹の子を捕獲する、鷹巣《たかのす》の所在地をめぐる相論が起こっている。

治承・寿永の内乱と信濃武士

信濃で挙兵した木曽義仲

佐久郡のように荘園や公領が、散在的に入り組み合いながら存在するという状態は、一円的に広大な地域を、統一的に管理し得る者は存在しなかった、ということを意味している。それは、信濃国の地理的環境の特徴によるところが大きいが、同じく武士たちの存在形態にも少なからず影響を与えていると考えられる。信濃国の武士たちの様子を、少し具体的にみてみよう。

ある程度団結した信濃国の武士たちが、歴史の表舞台で活躍した場面としてもっとも印象的なのは、おそらく木曽義仲のもとでの活躍であっただろう。信濃国内で挙兵した義仲は、最終的には源頼朝《よりとも》に敗北するものの、いったんは京都を掌握した。『平家物語』など

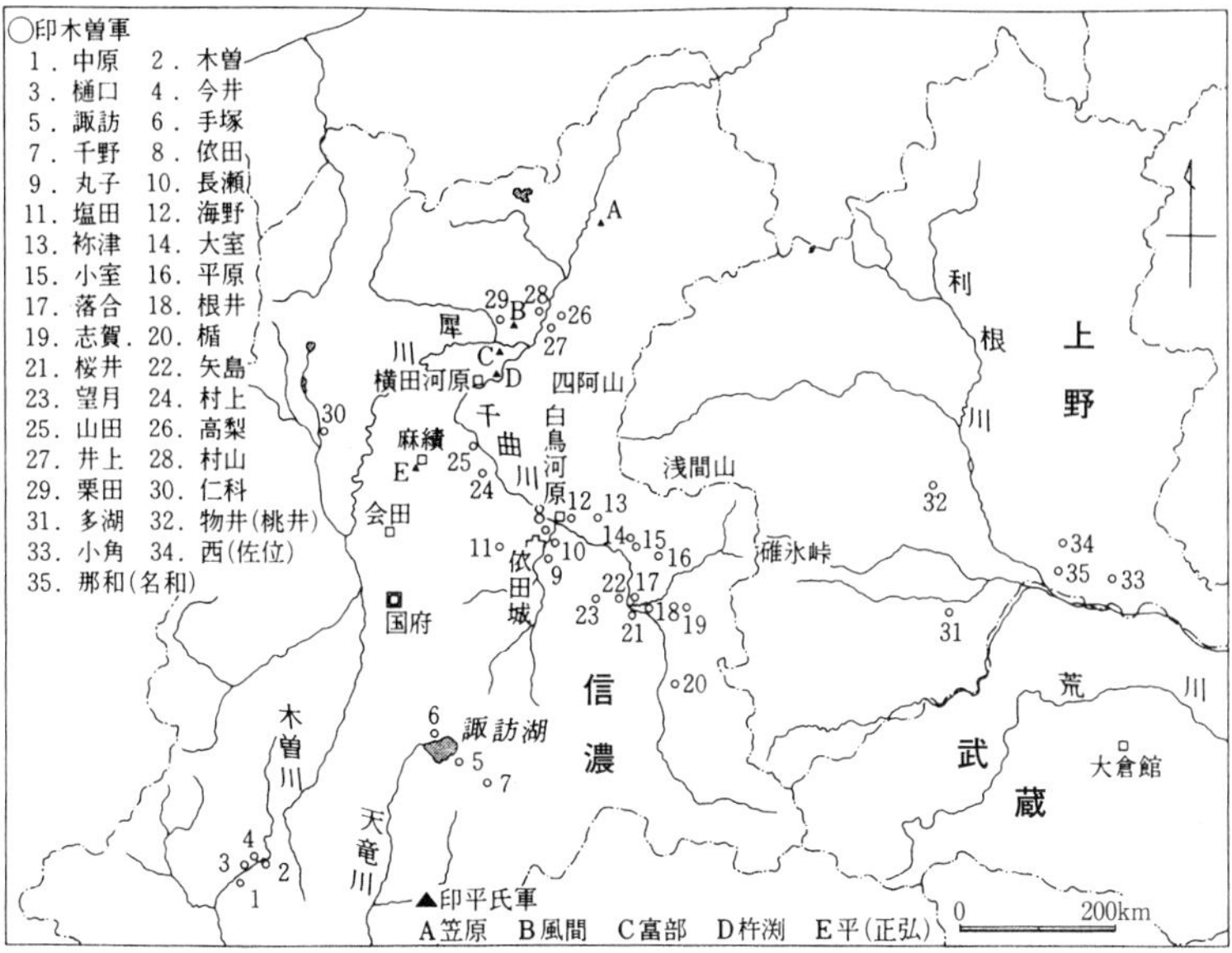

図7　義仲武士団の出身地（『県史』2）

にみられる義仲方の武士たちの拠点を可能な範囲で地図上に落とせば、彼の軍勢の中心が、信濃国の東部から北部にかけて本拠地を持っていたことがわかる。

この地域は多くの牧が展開しており、とくに佐久郡には四ヵ所、高井郡《たかいぐん》には六ヵ所の牧の存在が確認されている。義仲の軍勢を形成していた望月氏は、佐久郡望月牧（佐久市周辺）を拠点とした一族であったし、禰津《ねづ》氏も小県郡新《にい》張牧《はりのまき》（東御《とうみ》市）の牧官であったとされている。彼らが馬の扱いに長けていたことは想像に難くなく、軍勢の移動や合戦の際にはその能力を大いに発揮したであろう。義仲勢の強さの一面は、信濃国の地理的環境に由来するものであった。

こうした信濃国の武士たちの存在は、京都にも聞こえていた。先の『平家物語』「源氏揃」中、義仲や平賀氏とともに以仁王の令旨を届けるべき人物として、大内惟義《おおうちこれよし》と岡田親義《おかだちかよし》もあげられている。このうち惟義は平賀盛義《もりよし》の孫にあたり、平賀一族であった。惟義の父義信《よしのぶ》は、平治《へいじ》の乱（一一五九）で平清盛《たいらのきよもり》によって、頼朝の父義朝《よしとも》が討たれた際に、義朝と最後まで行動を共にしたことで知られる。そのため頼朝の平賀一族に対する信頼は、ことのほか厚かったという。頼朝との関係も影響したのか、平賀氏は義仲挙兵後まもなく、頼朝と合流したらしい。

鎌倉幕府との関係

このため、鎌倉幕府内における平賀一族の立場は特別であったという。平賀惟義は幕府開設後、伊賀国の守護として反幕府勢力の掃討に尽力しているが、このとき拠点を同国内大内荘《おおうちのしょう》（三重県上野《うえの》市）周辺においたことから、大内氏を名乗ったとされている。また頼朝没後、北条時政《ときまさ》と妻牧の方が将軍に擁立しようとしたのが、惟義の弟である平賀朝雅《ともまさ》だった。時政は幕府内での平賀氏の立場を承知しており、頼朝の猶子《ゆうし》にもなっていたとされる朝雅に、娘のひとりを嫁がせていたのである。

一方の大内惟義はその後、伊賀国のほか丹波国や摂津国など京都近郊の守護職を兼ねるようになり、西国における地位を確立しつつ、承久二年（一二二〇）には没したと考えられている。惟義はその経歴から、必然的に公家政権との関係を深めていったと思われる。後鳥羽《ごとば》上皇が、鎌倉幕府の執権《しっけん》北条義時《よしとき》を討伐すべく挙兵した承久の乱（一二二一）では、子の惟信が、その子惟忠《これただ》とともに上皇方に参陣している。

岡田親義については、『尊卑分脈《そんぴぶんみゃく》』に平賀盛義の弟とあり、筑摩郡岡田郷（松本市）を本拠としたと思われる。残された史料は多くないが、治承・寿永の内乱で、早くに頼朝のもとに参じた平賀氏とは異なる行動をとったらしい。『源平盛衰記《げんぺいじょうすいき》』には、木曽義仲軍と平維盛《これもり》軍が戦った倶利伽羅峠《くりからとうげ》（富山県小矢部《おやべ》市・石川県津幡町《つばたまち》）の戦いの場面で、義仲軍に属した親義の存在が描かれている。加賀・越中両国の境に位置する砺波山《となみやま》（富山県小矢部市）周辺に陣した平家方に対して、義仲が夜襲を仕掛けて大勝したこの合戦において、親義は子息の重義《しげよし》・久義《ひさよし》とともに参戦したが、親義と重義は平清盛の子知度《とものり》との戦いのなかで討ち取られている。

その後、義仲は頼朝との抗争に敗れることになるが、その過程で頼朝に従うようになっ

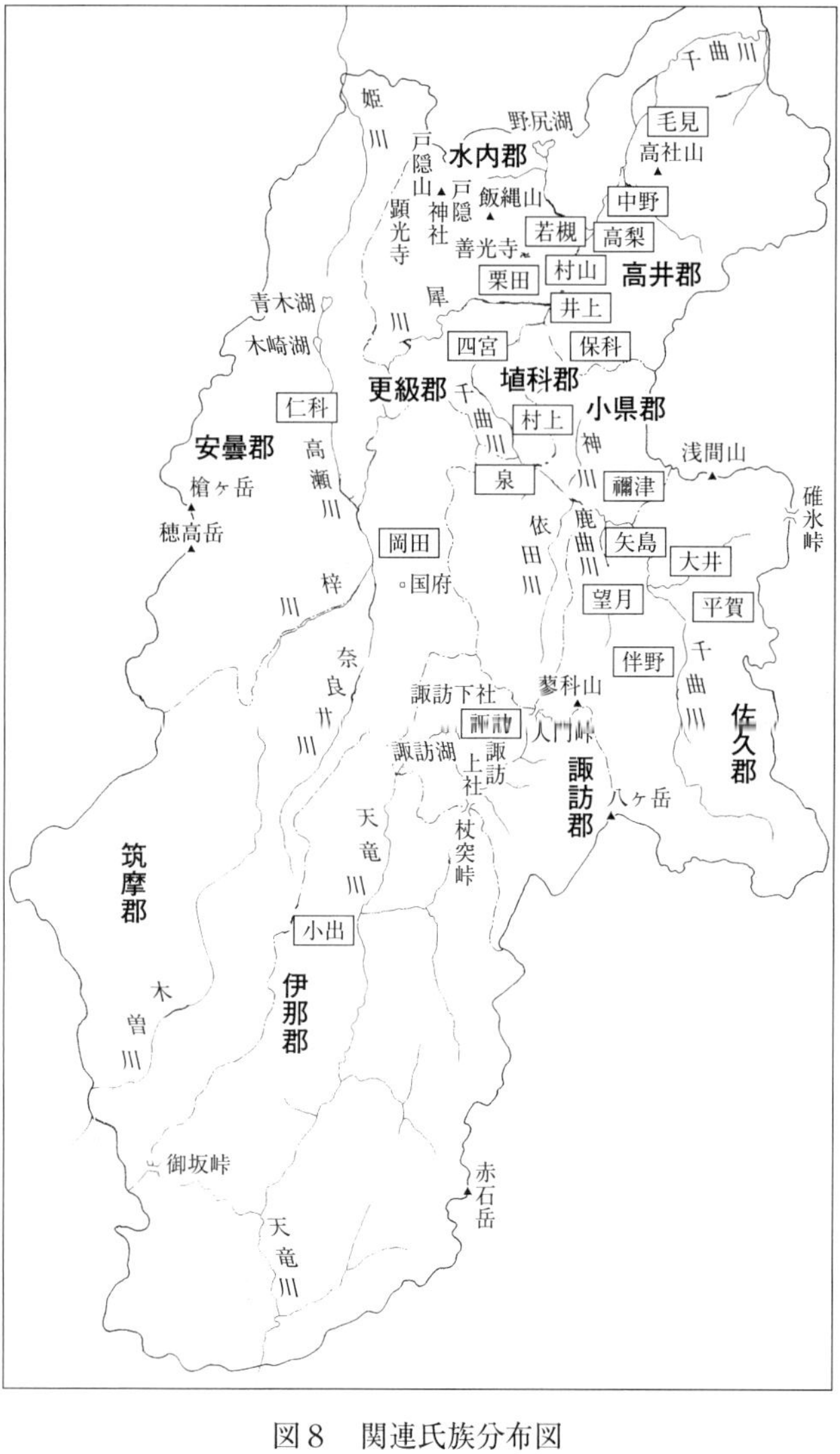
千曲川
毛見
高社山
野尻湖
姫川
戸隠山
水内郡
戸隠神社
飯縄山
中野
若槻
高梨
顕光寺
善光寺
栗田
村山
高井郡
青木湖
犀川
井上
木崎湖
四宮
保科
更級郡
埴科郡
仁科
千曲川
村上
小県郡
安曇郡
高瀬川
神川
浅間山
泉
禰津
槍ヶ岳
碓氷峠
穂高岳
依田川
鹿曲川
矢島
岡田
大井
国府
梓川
望月
平賀
奈良井川
伴野
千曲川
諏訪下社
蓼科山
佐久郡
諏訪湖
上社
諏訪
八ヶ岳
諏訪郡
天竜川
杖突峠
筑摩郡
小出
伊那郡
木曽川
御坂峠
赤石岳
天竜川

図８　関連氏族分布図

た信濃武士も多かったと思われる。頼朝が奥州藤原氏との合戦に勝利した翌年の建久元年（一一九〇）、入京した際に率いた三〇〇名を超える武士たちのなかに、信濃国の武士たちが一割ほど含まれていた。たとえば佐久郡の平賀・阿加田沢《あがたさわ》・春日・小諸・大井・小田切《おだぎり》の各氏、高井郡の中野《なかの》・高梨《たかなし》・須田《すだ》・志賀《しが》各氏、諏訪郡の禰津・藤沢《ふじさわ》・中沢《なかざわ》各氏、小県郡の浦野《うらの》・泉《いずみ》両氏、そして筑摩郡の嶋楯《しまだて》氏や更級郡《さらしなぐん》の村上氏《むらかみし》などである。

なお参考に、本書に関連してとくに取り上げた氏族について、出自と推定される地点を分布図に示した。

小笠原氏の進出

さて鎌倉幕府の草創期において、信濃国の武士社会には重大な変化が生じた。それは加賀美氏《かがみし》の信濃国司補任《こくしぶにん》である。加賀美氏は甲斐源氏を出自とし、源義光《よしみつ》の子孫が常陸国那珂郡武田郷《なかぐんたけだのごう》（茨城県ひたちなか市）に土着して武田氏を名乗ったあと、義光の孫清光《きよみつ》が大治五年（一一三〇）に濫行のため甲斐国に配流され、その子遠光《とおみつ》が同国加賀美（山梨県南アルプス市）を拠点としたとされる。そして遠光の次男長清《ながきよ》は、父から甲斐国小笠原荘《おがさわらのしょう》（同市）を継承して小笠原氏を称した。長清は平氏の家人《けにん》として在京していたらしいが、頼朝挙兵後は父子ともに頼朝方として活動し、頼朝の信頼を勝ちとりつつ御家人《ごけにん》としての地位を確保していった。

図9　信濃国関係小笠原氏略系図

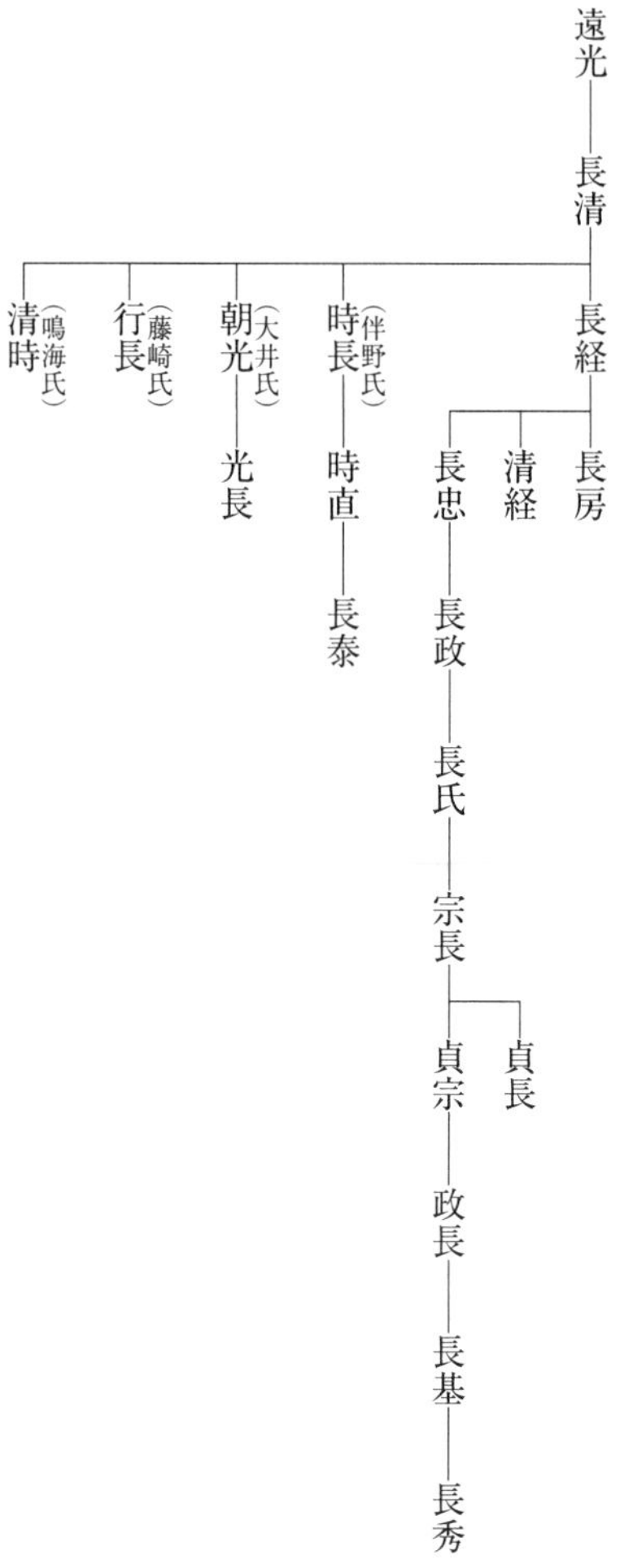

　こうした状況下で頼朝は、文治元年（一一八五）に遠光を信濃守に推挙し、任命されたのである。さらに長清は文治二年ころまでに佐久郡伴野荘（佐久市）の地頭職《じとうしき》を獲得し、隣荘の大井荘（佐久市）へも進出して、信濃国内に地盤を築いていった。長清の子どもたちのなかで、時長《ときなが》は伴野荘を拠点として伴野氏を、朝光《ともみつ》は大井荘に入って大井氏を名乗っていくことになる。幕府草創期に、のちの信濃小笠原氏の基盤が形成されることになった

のであった。

また、長清の子息で小笠原氏の惣領《そうりょう》であった長経《ながつね》は源頼家の近習《きんじゅ》として活躍したが、後述する建仁三年（一二〇三）のいわゆる「比企氏《ひきし》の乱」で処罰されてしまう。長経失脚後、小笠原氏の惣領の地位は時長の子孫が継承する。彼らは、北条氏の惣領である得宗家《とくそうけ》の外戚安達氏《あだちし》と姻戚関係をもつことによって、幕府内の立場を確立していった。しかしそのため、弘安八年（一二八五）の霜月騒動《しもつきそうどう》で安達泰盛《やすもり》が亡ぼされたときには、多くの自害者を出すことになった。その後、小笠原氏の惣領職は、承久の乱の戦功で復権していた長経の曽孫長氏《ながうじ》のもとに戻り、その子孫が信濃小笠原氏を形成していくことになる。

信仰の三拠点――戸隠山顕光寺・善光寺・諏訪神社

三ヵ所の信仰の拠点

信濃国が険しい山々に囲まれた内陸地帯であったにもかかわらず、古代以来人びとの往来が絶えなかったひとつの理由として、公家社会を含めて広く信仰を集める拠点が存在したことがあげられるだろう。しかもその拠点が、さまざまな形で三ヵ所存在したことは、重要な特徴であるといってもよいと思われる。ここでは、それぞれの拠点の概要を確認しておきたい。

山岳信仰の霊場戸隠山顕光寺

まず、峻険な山岳を擁する信濃国の地理的特徴を体現している信仰の拠点としてあげられるのが、北部水内郡の戸隠山顕光寺であろう。黒《くろ》姫山《ひめやま》（信濃町）・飯縄山《いいづなやま》（長野市・信濃町・飯綱町《いいづなまち》）と戸隠三山を形成

図10　戸隠神社奥社と戸隠山（画像提供：戸隠神社）

する戸隠山は、山岳信仰の霊場として九世紀ころから信仰を集め、一一世紀ころには中央にもその存在が知られていたとされる。一一世紀後半ころからは外構も次第に整い始めたようで、本院・中院・宝光院の三院が分立したという。そして承徳二年（一〇九八）には本院に講堂が建立され、顕光寺と称するようになったらしい。ただし、一一世紀段階での施設は大がかりなものではなく、山岳信仰の霊場・修行の場としての施設にとどまっていたと思われ、文治二年（一一八六）までの間には延暦寺《えんりやくじ》（滋賀県大津市）の末寺《まつじ》となっていた。

地域有力者の関与

顕光寺の寺内組織は、別当《べっとう》を頂点としてその下に権別当《ごんのべっとう》・小別当が置かれ、実務者としては上座《じょうざ》・寺主《じしゅ》・都維那《ついな》の三綱制《さんごうせい》が敷かれていたという。初期の別当は本寺延暦寺の僧侶だったと考えられているが、一二世紀以降は井上氏《いのうえし》や村上氏・若槻氏《わかつきし》などの出身者が就任することも多かった。彼らの中心的な拠点は、それぞれ高井郡井上（須坂市《すざかし》）・更級郡村上御厨（坂城町《さかきまち》）・水内郡若槻荘（長野市）であり、顕光寺周辺の有力氏族であった。そして一二世紀末期には、水内郡栗田郷《くりたのごう》（長野市）を拠点とする村上一族の栗田氏による、別当職の世襲化が進展しようとしていたらしい。顕光寺の本寺延暦寺はこうした傾向に警戒心を強めたようで、権別当を設置している。

この別当職をめぐる動きについてはその後、栗田氏と井上氏の間で争奪戦があったようだが、井上氏出身の別当と一般信徒である大衆《だいしゅ》とが対立したらしく合戦に及んでいる。そのため栗田氏の別当職就任が有勢となるが、その間の建長三年（一二五一）以前と文永七年（一二七〇）には大衆が離山している。こうした状況を考え合わせると、顕光寺内には本寺延暦寺に同調して、地域氏族が別当職に就くことを快く思わない人びとが少なからず存在したとみるべきだろう。しかし一三世紀中期には、ほぼ栗田氏の影響下に入ったらしい。

善光寺三尊像

北部に顕光寺が所在した水内郡の南部には千曲川が流れ、その流域は長野盆地を形成していた。この盆地は「善光寺平《ぜんこうじだいら》」とも呼ばれるが、その呼称の由来はいうまでもなく、善光寺が存在したことによる。この地に善光寺が開かれた経緯については、『日本書紀』や『扶桑略記《ふそうりゃくき》』などに伝承が残っている。それによれば、欽明十三年（五五二）百済《くだら》から日本にもたらされた仏像が、推古十年（六〇二）に信濃国に渡り、皇極元年（六四二）に当地に移されたのが始まりという。

この百済から渡来したという仏像については、『扶桑略記』に「阿弥陀仏像《あみだぶつぞう》長一尺五寸、観音《かんのん》・勢至像《せいしぞう》長一尺」（一尺五寸＝約四五センチ・一尺＝約三〇センチ）、あるいは『善光寺縁起』に「阿弥陀三尊」とみえている。善光寺の絶対秘仏とされる三尊像は、さまざまな特徴をもち「善光寺式阿弥陀如来像」と称されている。と

図11　銅造阿弥陀如来及両脇侍立像（画像提供：善光寺）

くにひとつの光背《こうはい》に三尊の立像という姿が、典型的な飛鳥《あすか》時代の三尊像と共通することから、善光寺の本尊も同時期のものであろうと推測されている。

園城寺末寺として

このことによって、ただちに善光寺の創建時期を飛鳥時代とすることはできないだろうが、境内から出土した瓦についての分析も、ひとつの目安になろう。すなわち、善光寺の境内を含めた長野市元善町《もとよしちょう》遺跡から出土した軒丸瓦《のきまるがわら》や軒平瓦は、白鳳《はくほう》時代のものと推測されているのである。こうした状況証拠などから、善光寺は七世紀後半ころには成立していたと考えられる。しかし、善光寺の存在が文献上はじめて確認できるのは、一〇世紀中期の成立とされている『僧妙達蘇生注記《そうみょうたつそせいちゅうき》』においてである。

そしてその存在が広く知られるようになるのは、一一世紀後半ころになってからであった。このころ善光寺は、園城寺《おんじょうじ》（滋賀県大津市）の末寺となったと考えられ、その後一二世紀に入るころの一時期、園城寺との関係が近かったとされる石清水八幡宮《いわしみずはちまんぐう》（京都府八幡《やわた》市）の末寺となっている。当時の公家社会や仏教界における浄土信仰の広まりのなかで、善光寺は霊場として信仰されていくようになり、東大寺勧進聖《かんじんひじり》重源《ちょうげん》も二度参詣したとされる。善光寺は一二世紀の末には、信仰の対象として広く認知されていたと考えられる。

図12　諏訪大社上社本宮（画像提供：諏訪大社）

鎌倉時代の造立であることがわかる善光寺式阿弥陀如来像《にょらいぞう》が各地で確認できることも、この時期以降に善光寺信仰が広く普及したことを示しているだろう。

武士と諏訪神社

信濃国北部に信仰の拠点があった戸隠信仰・善光寺信仰とともに、全国的に信仰を集めたのが中部諏訪郡の諏訪神社（大社《たいしゃ》）をめぐる諏訪信仰であった。諏訪神社の起源についても明確なことはわからないが、『古事記』には祭神の一柱《ひとはしら》として建御名方神《たけみなかたのかみ》が、「科野《しなのの》国《くに》之《の》州羽海《すわのうみ》」に至った経緯を伝える神話がみえている。また『日本書紀』は持統五年（六九一）八月に、使者を遣わして「信濃須波《すわ》」の神を祀らしめたと伝えている。『延喜式神名帳《えんぎしきしんめいちょう》』にみえる諏訪郡所在の二座「南方刀美《みなかたとみ》神《のかみ》社《のやしろ》二座」は、諏訪上社《かみしゃ》（諏訪市）と下社《しもしゃ》（下諏訪町）を指すと考えられている。

こうした『古事記』や『日本書紀』が伝える伝承は、延文元年（一三五六）成立の奥書をもつ『諏訪大明神絵詞《すわだいみようじんえことば》』にもみえている。この絵詞によれば、延暦二十年（八〇一）に奥州への出陣を命じられた坂上田村麻呂《さかのうえのたむらまろ》は、諏訪神社が「東関《とうかん》（関東）第一の軍神」と伝え聞いて戦勝を祈願したという。すると伊那郡と諏訪郡の郡境にあったとされる、大田切《おおたぎり》（宮田村）というところで一騎の兵士が出現し、奥州での合戦で大いに活躍、勝利に貢献したと伝えられ、諏訪神社は武士の信仰を広く集めることになった。

諏訪信仰の広まり

また絵詞には年間の祭事に関する記述もあり、元日には御手洗川《みたらしがわ》でカエルを捕らえて神前に捧げる神事の記述があって、「生贄の初めとする」とされている。この「蛙狩神事《かわずがりしんじ》」の意義についてはさまざまな解釈があるが、そのひとつに諏訪神社の神である龍蛇神《りゅうじゃしん》に、蛇の好物であるカエルを捧げる神事、というものがある。たしかに絵詞には諏訪神社の神が龍の姿であらわれる場面が存在し、諏訪神社の龍蛇信仰に関連している。諏訪神社はこのカエルを狩るという神事に加え、狩猟に関する神事も行なわれていることから狩猟神としても信仰され、近世に至るまで肉食を容認する根拠とされた。こうした側面もまた、武士の信仰を集めた要因であろう。

諏訪神社を信仰する武士たちは、鎌倉時代以前から多かったと考えられる。その諏訪神社の祠官《しかん》であり、武士であったのが諏訪氏だった。諏訪氏の出自については今のところあきらかにされていないが、治承・寿永の内乱で源頼朝方に参じたことから、幕府内での地位を獲得した。幕府成立後は、信濃国の御家人にとって諏訪神社の頭役《とうやく》は公役とされ、御家人に課せられた幕府警固を目的とした鎌倉番役《ばんやく》でさえ、免除されるほど重視されていた。

そのため頭役の勤仕を通じて、諏訪神社を媒介とした信濃武士の結束が高まり、次第に同族意識へと進展して、「神」を名乗って「(諏訪)神党(または神家)」を形成していくようになる。そして諏訪氏はその盟主としても、信濃国内における特別な地位を獲得することになったのである。なお参考に、京都諏訪氏の人物の手によるという「神氏《じんし》系図」のうち、主に一族の名乗りに関する注記がある人物を抜粋したが、一部罫線など推測によって改めた部分もある。

図13　「神氏系図前田古写本之写」抜粋（一部推測を含む）

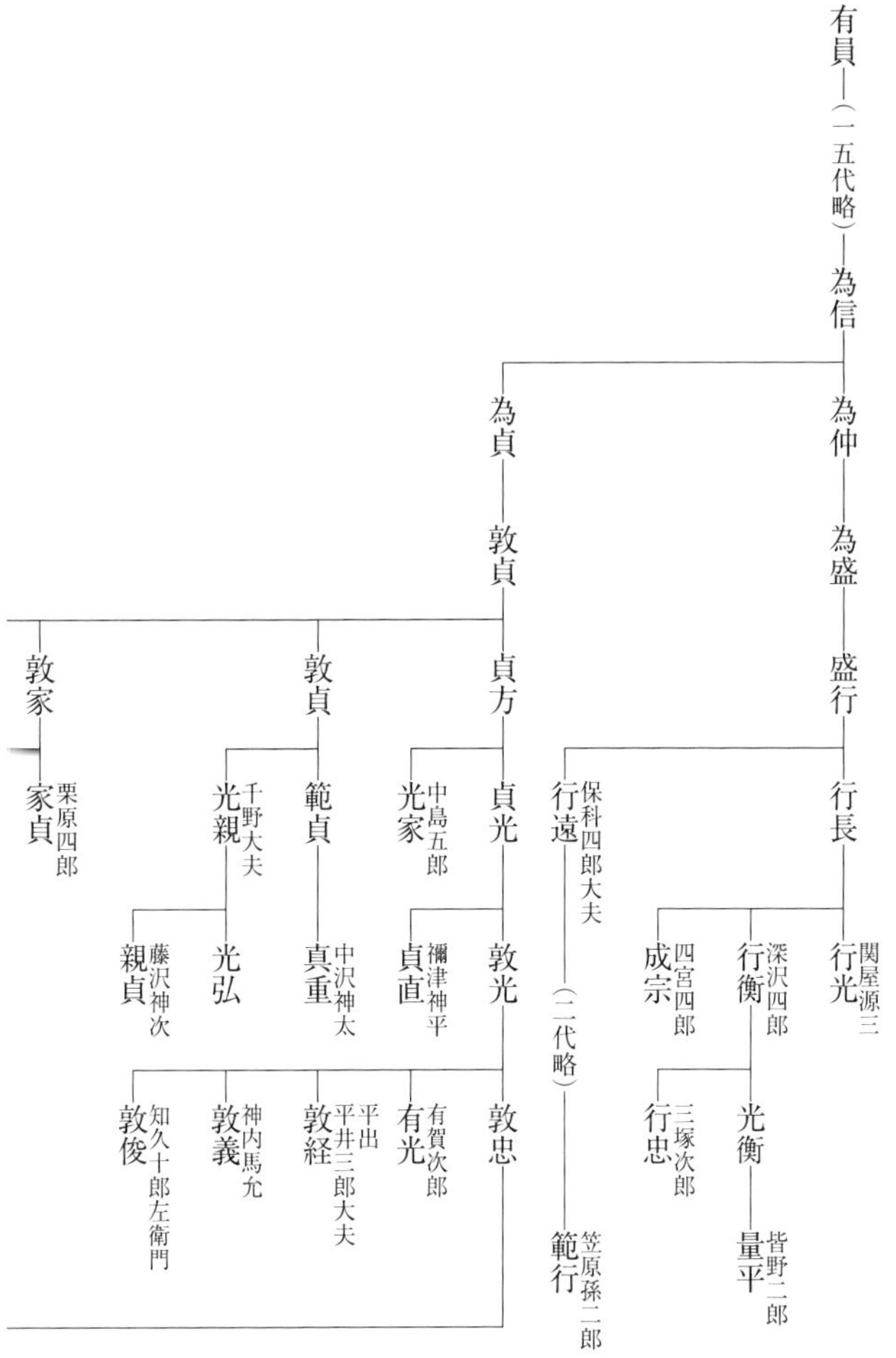

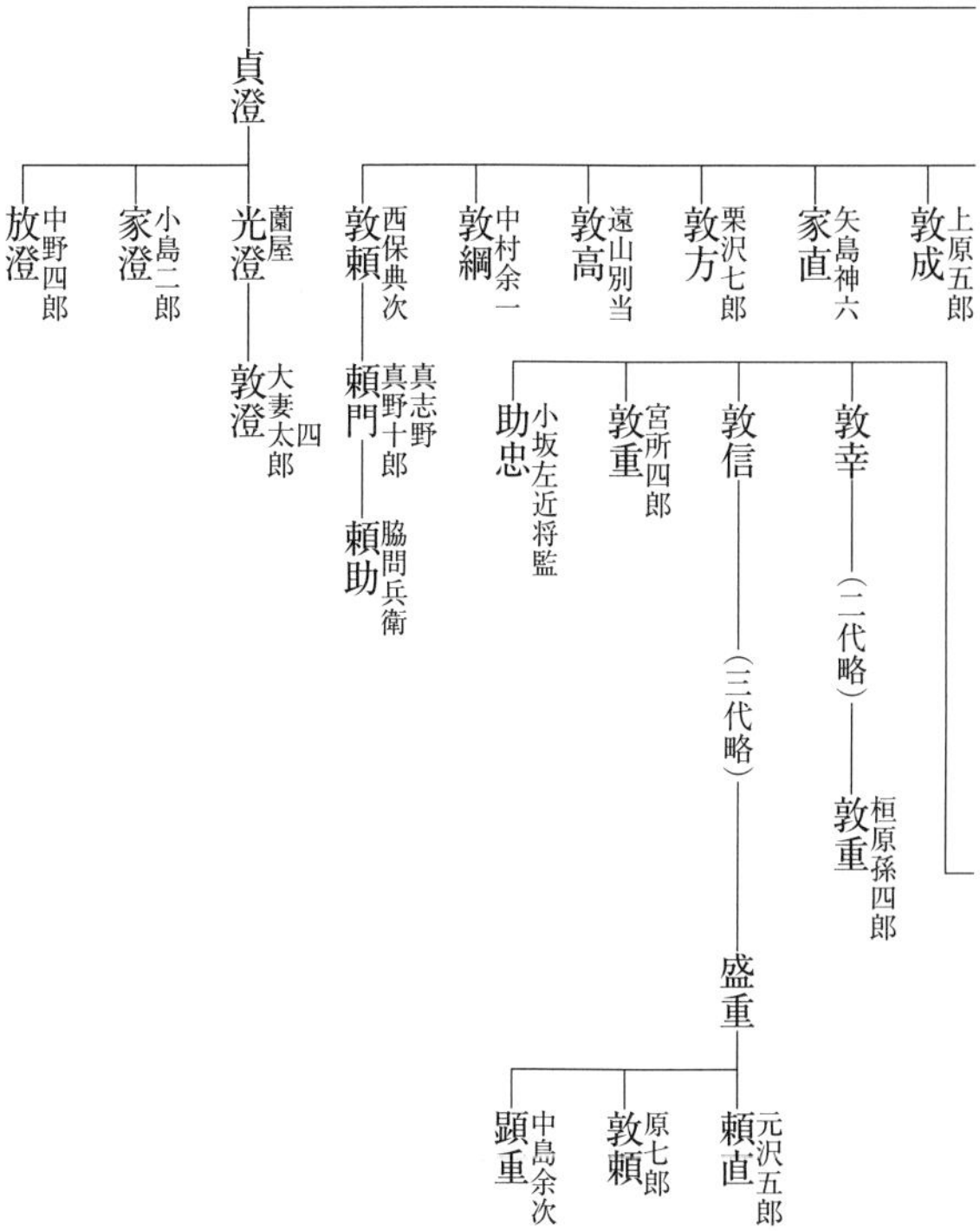

貞澄
敦成 上原五郎
家直 矢島神六
敦方 栗沢七郎
敦高 遠山別当
敦綱 中村余一
敦頼 西保典次
光澄 薗屋
家澄 小島二郎
放澄 中野四郎
敦澄 大妻太郎四
頼門 真志野 真野十郎
頼助 脇問兵衛
敦幸
（二代略）
敦重 桓原孫四郎
敦信
（三代略）
盛重
敦重 宮所四郎
助忠 小坂左近将監
頼直 元沢五郎
敦頼 原七郎
顕重 中島余次

信濃国の統治と公武政権

朝廷の信濃国統治

以上、信濃国の地理的環境やそれに規定される荘園・公領の状況など、一四世紀の信濃国の状況をつくりだした前提ともいえる、さまざまな情勢を確認してきた。ここでは古代以来の政治的な動向を概観し、本書のテーマである南北朝期の信濃国内の動向を考える起点としたい。

朝廷は信濃国に対して、貢馬《こうば》のほか地理的環境に応じたさまざまな物品の貢納を期待していたわけだが、それを管理する行政組織の確定には曲折があったことが知られている。それは当初、小県郡（上田市）に所在した国府が、八世紀末に筑摩郡（松本市）に移された可能性も指摘されていること、さらに『続日本紀《しょくにほんぎ》』によれば、養老五年（七二一）から天平三年（七三一）まで、「諏方国《すわのくに》」が分離・設置されていることなどである。国府移転の経緯は不明で、「諏方国」の実態についても詳細はわからないが、諏訪郡を含めた信濃国南部を分割して「諏方国」としたのではなかったか、と考えられている。また平安時代以降、美濃国から木曽地方を筑摩郡に編入しているが、その時期や理由についてもはっきりしない。

朝廷の地方行政のなかで信濃国は、国力としては「上国《じょうこく》」、畿内からの距離では「中《ちゅう》国《ごく》」とされ、規定に準じて他国と同様の対応がとられたと思われる。弘仁十一年（八二〇）に撰進後、承和七年（八四〇）に改正されたという「弘仁式《こうにんしき》」によれば、信濃国は国《こく》分《ぶ》（上田市）に所在する国分寺《こくぶんじ》の料物《りようもつ》稲四万束と、同量の料物を摂関家の氏寺興福寺に対して負担しており、九世紀には摂関家との関係が深まっていたらしい。そうした関係は以後も継承され、一一世紀前半には摂関家の家司《けいし》が信濃国の受領《ずりよう》を独占するという状況が生まれた。

その後、一二世紀に白河院《しらかわいん》の影響力が強まると、院近臣が受領を歴任するようになり、信濃国は院が知行権をもつ院分国ともいえる存在になったとされる。しかし白河院政後の鳥羽・後白河院政期には、院と摂関家との関係が改善されたため、再び信濃国への摂関家の関与が深まったという。

中央政界の混乱

ところで朝廷は一〇世紀以降、全国的な治安の乱れへの対応に追われ、治安回復のために中央から平氏や源氏の一族が各地に派遣された。そのなかには土着する者も存在し、また配流された者がその地に定住する場合もあり、地方に平氏や源氏の一族を名乗る人びとがあらわれるようになっていった。信濃国にも源氏の一族が土着し、いわゆる「信濃源氏」となっていく。そして中央政界では、院政が長期化するなかでさまざまな軋轢《あつれき》が生じ、ついに保元《ほうげん》の乱（一一五六）と平治の乱（一一五九）として対立関係が表面化した。そしてこの混乱のなかで地位を確立したのが平清盛であり、失脚した源義朝の子頼朝は伊豆国に配流されたのである。

『今昔物語集《こんじやくものがたりしゆう》』巻一三には、馬泥棒の濡れ衣を着せられて捕らえられた雑色《ぞうしき》（官司内の雑事に従事する人）の縄が、法華経《ほけきよう》の四要品《しようぼん》を唱えるたびに解けた、という話が収められている。この話の舞台は平正家《まさいえ》という人物の館で、正家は『尊卑分脈』に従五位信濃守とみえており、『今昔物語集』の成立年代から推測して、一一世紀末には信濃守に補任されたと考えられる。説話では正家の子資盛《すけもり》も信濃国の館に居住しており、このころから信濃国と平氏との関係は始まっていたらしい。その後、平維盛の子盛基《もりもと》が信濃守に就任し、次第に平氏一族が展開していったと思われる。

こうした状況のなかで治承・寿永の内乱が勃発、治承四年（一一八〇）に以仁王の令旨に応じて木曽義仲が挙兵、信濃武士たちは義仲勢として参戦し、平氏政権打倒にむけて活躍したのだった。しかし、一方で平氏方に属した信濃武士も存在しており、『源平盛衰記』によれば横田河原《よこたがわら》（長野市）の合戦では、笠原平五頼直《かさはらへいごよりなお》・富部三郎家俊《とみべさぶろういえとし》・杵淵小源太《きねぶちこげんた》重光《しげみつ》などが義仲勢と戦っている。このうち富部家俊は、保元の乱で崇徳《すとく》上皇方に与《くみ》して陸奥国に配流された正弘《まさひろ》が祖父であり、父は布施《ふせ》三郎惟俊《これとし》と称している。この祖父正弘は、先の『今昔物語集』にみえた正家の甥に当たる人物であった。

鎌倉幕府の成立

各地で展開された争乱の結果、源頼朝の勝利者としての立場が明確になっていくなかで、頼朝は次第に影響力を発揮していく。たとえば元暦元年（一一八四）正月に義仲が近江国で戦死すると、彼が勢力を広げていた北陸道方面に「鎌倉殿勧農使《かんのうし》」が派遣されたらしい。勧農使の役割の詳細は不明だが、地頭に指示を出し得る存在であり、「藤内」という人物が任命されていたことがわかる。そしてこの「藤内」は、『吾妻鏡』などに「比企藤内朝宗《ひきのとうないともむね》」とみえる人物であろうと推測されている。

比企氏は武蔵国比企郡を拠点とした一族で、頼朝の乳母《めのと》は同族の比企尼《ひきのあま》であった。朝宗

図14　将軍家・北条氏・比企氏関係略図（一部推測を含む）

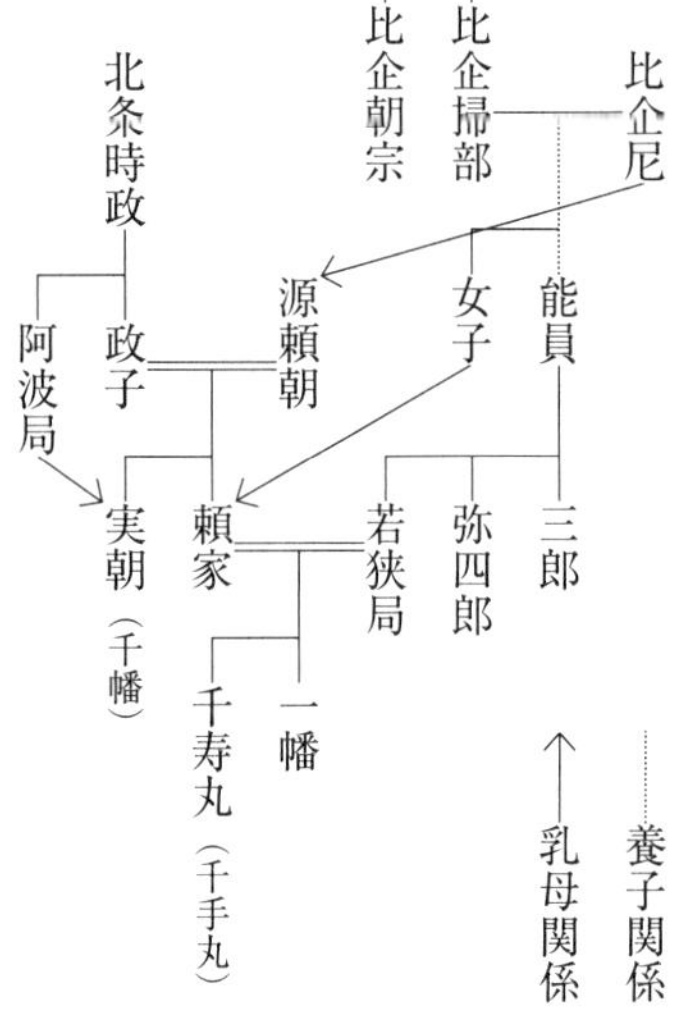

は比企尼の近親者であったことから、大きな権限をもつことになったものと思われる。同じく比企尼の甥で、のちに養子となる能員《よしかず》も頼朝に重用されており、建久元年（一一九〇）ころには信濃国守護職に補任されていたと考えられている。

そして信濃国には、頼朝自身も積極的にかかわっている。たとえば諏訪神社の頭役を信濃国の御家人の公役と認定しており、文治二年（一一八六）には頼朝も神馬を奉納している。また治承三年（一一七九）に落雷のため炎上し、大きな被害を出した善光寺を再興するため、文治三年には信濃国の人びとに対して協力するように要請、建久二年に落慶《らっけい》供養《くよう》がとり行なわれている。信濃国は、頼朝にとって信仰面でも重要な意味をもつ地域であり、信頼する能員を守護職に就けたのであろう。

北条氏との関係

正治元年（一一九九）に頼朝が没し、嫡子の頼家《よりいえ》がその跡を継いで二代将軍となると、頼朝の妻政子や北条時政・義時父子は、一三人の御家人たちの合議体制により幕府を運営することとした。これに対して頼家は、側近五人に特別な権限を与えて抵抗したのであった。このとき比企能員は合議体制の一員であったが、その子息と思われる三郎と弥四郎は頼家の側近中に数えられている。そしてこの比企兄弟のほか、小笠原長経と中野能成《よしなり》が頼家の身近に仕えていたという。小笠原氏は、長経の父である長清《ながきよ》以降に信濃国に進出した一族で、中野氏は高井郡中野牧（中野市）周辺を勢力基盤とした一族であった。頼家が信濃国の武士たちと緊密な関係を形成したのは、比企一族と信濃国との関係に由来するものであったことは間違いないだろう。

しかし頼朝亡きあと、引き続き強い将軍権力を維持しようとした頼家と、御家人の連帯を重視して合議制を推進しようとする北条氏との対立は、次第に深まっていく。とくに頼家の長男一幡《いちまん》の母が比企能員の娘若狭局《わかさのつぼね》であり、弟千幡《せんまん》の乳母が北条時政の娘阿波局《あわのつぼね》であったことが、事態を深刻化させた。建仁三年（一二〇三）、頼家が急病のため危篤に陥ると、頼家の権限は一幡と千幡に分割されることになる。本来であれば嫡男の一幡がすべて相続すべき、と考える能員は不満を隠さなかったが、時政らの計略により一幡とともに亡ぼされたのであった。この「比企氏の乱」後、三代将軍には千幡（実朝《さねとも》）が就くこととなり、病から回復した頼家は伊豆国修善寺《しゅぜんじ》（静岡県伊豆市）に幽閉されたのであった。

この一連の政変の影響は、当然のことながら頼家の側近とされた小笠原長経と中野能成にも及んだ。長経は小笠原氏の惣領としての立場を失うことになり、『吾妻鏡』によれば能成も遠流《おんる》に処されたという。しかし能成には乱後、時政が「比企能員の非法によって安堵されなかったようだが」と注記して、信濃国春近領志久見郷（栄村）の地頭職を安堵していたことが知られている。こうしたことから、能成は北条氏と通じていたのではないかとも考えられているが、実際のところはわからない。そしてこの政変後守護職は、幕府滅亡まで北条氏が補任されることになり、信濃国にとってきわめて重要な転換点であったといえるのである。

悪党たちの胎動

鎌倉幕府の成長と北条氏

北条氏の台頭

建仁三年（一二〇三）の二代将軍源《みなもとの》頼家《よりいえ》と比企《ひき》一族の失脚後、三代将軍実朝《さねとも》擁立の黒幕と目される北条時政《ほうじょうときまさ》の影響力は増していった。実朝の乳母阿波局《めのとあわのつぼね》の父であった時政は、幕府の重要ポストである政所《まんどころ》別当《べっとう》の職に就き、また同時に初代執権《しっけん》の職にも就任したとされる。こうした地位を獲得した時政は積極的に政務にかかわり、幕府内での立場を一層強化するために将軍交替を画策したのだった。

時政は、後妻牧《まき》の方《かた》との間に数人の子どもをもうけたが、唯一の男子政範《まさのり》は元久元年（一二〇四）に若くして急逝してしまう。このことが影響したのか、下級貴族出身の牧の方は、自らの縁者を幕府の中枢に送り込むことを望むようになったという。そしてその役割を担う人物として撰ばれたのが、娘婿の平賀朝雅《ひらがともまさ》であった。平賀氏は先にもふれたように信濃源氏で、幕府草創期の功労者として特別な一族であり、朝雅は頼朝《よりとも》の猶子《ゆうし》でもあったとされる。血縁的には頼朝の実子実朝には劣るが、実朝に実子がなければ、その後の将軍候補として有力な人物の一人であった。

そして元久二年、時政・牧の方夫妻は朝雅の将軍擁立を企んだが、実朝の実母政子《まさこ》とその弟義時《よしとき》に阻止され、時政は伊豆に幽閉されて実質的に幕政から引退し、朝雅も殺害された（平賀朝雅の乱）。実父を追放した北条義時は二代執権として幕府の中心的な存在となるが、将軍実朝と、その母であり姉である政子を補佐する立場を維持して、大江広元《おおえのひろもと》らとも連携しながら御家人《ごけにん》たちとの関係を深めていった。

反発する信濃の泉親衡

しかし次第に権限を強めていく北条氏には反発する者も多く、泉親衡《いずみちかひら》は頼家の遺児千寿丸《せんじゅまる》（千手丸）の擁立を目論む。この泉氏は信濃国小県郡《ちいさがたぐん》小泉荘《こいずみのしょう》（上田《うえだ》市）を本拠とする清和源氏《せいわげんじ》の一族で、やはり頼家と信濃国の武士との関係性の深さを示しているだろう。

しかしこの計画は建保元年（一二一三）事前に発覚（泉親衡の乱）、これに荷担したとして和田義盛《わだよしもり》の子息たちが捕縛された。義盛は幕府草創期以来の重臣で、長く侍所《さむらいどころ》別当を勤める人物であったが、一族の赦免を嘆願したものの、甥の胤長《たねなが》は奥州に配流となってしまう。この一件以後、義盛と義時の関係は急速に悪化し、同年和田一族は北条氏打倒のために挙兵したが、頼みとした本家三浦氏《みうらし》が同調しなかったこともあって敗北したのであった（和田合戦）。

なお和田合戦については、義盛滅亡後、侍所別当の地位も得た北条義時の立場が一層強化されたことから、義時が有力御家人和田氏を排除するために挑発したものとも考えられている。また、きっかけとなった千寿丸擁立計画の中心人物とされた親衡が、計画発覚後に逃亡していること、親衡の弟とされる六郎をはじめとした信濃武士の多くが、その後幕府方として参戦していることなどから、この計画も義時によって仕組まれたものとの指摘もある。頼家と信濃武士との関係を、義時が巧みに利用した一連の陰謀であった可能性は否定できないだろう。

三代将軍実朝

義時が時政失脚後就任した政所別当と侍所別当を兼務することになると、幕府内での北条氏の立場は絶対的なものとなった。北条氏を中心としたいわゆる執権政治体制は、事実上この段階で確立したと考えられている。そして北条氏が幕府政治の中枢を掌握していくなか、一二歳で将軍職に就いた実朝は成長していく。実朝は将軍就任後、坊門信清《ぼうもんのぶきよ》の娘信子を正室に迎えるが、信清の姉殖子《しょくし》は後鳥羽《ごとば》上皇の母であった。実朝の正室には、下野国の武士足利義兼《あしかがよしかね》の娘が推されたものの、実朝自身が信子を望んだとされ、それは彼が公家社会やその文化に対して、強いあこがれの念をもっていたことの証左でもあろう。

実際に実朝は、武芸より文芸を好む傾向にあったことが知られている。下野国の有力武士小山政光《おやままさみつ》の次男で同国長沼荘《ながぬまのしょう》（栃木県真岡市《もおか》）を本領とした長沼宗政《むねまさ》は、建保元年（一二一三）に実朝を、「歌道や蹴鞠《けまり》ばかり好んで、武芸は廃れてしまったようである」と評したという。宗政は、幕府草創期から戦功を重ね、摂津国や淡路国の守護職にも任じられた有力者であった。彼のこの評価は実態を伝えており、実朝がとくに多くの和歌を詠んで、歌集『金槐和歌集《きんかいわかしゅう》』を残したことは広く知られている。そしてこの和歌を通じてあこがれの公家社会とつながり、坊門家を介して親戚関係となった後鳥羽との距離は接近したのである。

実朝の官位は、建仁三年（一二〇三）に征夷大将軍補任《ぶにん》に先立って従五位下に叙されたあと、異例の速さで昇進していく。これを、身分不相応な官位は不幸をもたらすという「官打ち」を目的としたものとの解釈もあるが、彼と公家社会との良好な関係を示すものと考えてもよいだろう。元久二年（一二〇五）、従五位上に昇叙されたあとは毎年位階をあげて、承元三年（一二〇九）には従三位となって公卿《くぎょう》に列せられた。その後も順調に昇進し、建保四年七月二十一日に左近中将《さこんのちゅうじょう》となると、さらに大将への昇進を望んだという。頼朝以来の重臣大江広元は、官位に執着する実朝に対し「子孫の繁栄を願うなら現在の官職は辞して、ただ征夷将軍として振る舞い、もうしばらく年齢を重ねてから大将を兼ねるべきではないか」と誡めた、と『吾妻鏡《あずまかがみ》』は伝えている。

承久の乱

しかし広元の諫言も奏功せず、実朝は公家社会と文化への関心を隠さなかった。その関心は大陸文化にも及び、宋に使者を送ることも計画するが実現しなかった。このような将軍実朝に対する御家人たちの不満は次第に蓄積していった。そして建保六年（一二一八）に右大臣に昇った実朝は、翌年正月に鶴岡八幡宮《つるがおかはちまんぐう》（神奈川県鎌倉市）への就任拝賀の神拝を済ませたあと、頼家の遺児公暁《くぎょう》によって暗殺される。実行犯公暁の背後でこの暗殺事件を主導した人物として、執権義時や有力御家人の三浦義村《みうらよしむら》などの名前があがっているが確証はない。

実朝の暗殺によって、彼と和歌を通じて良好な関係を築いていた後鳥羽は、幕府に対する態度を急速に硬化させた。実朝には実子がなかったため、幕府側が新たな将軍に後鳥羽の皇子を望んでも、それを認めることはなかったのである。

一方幕府も、後鳥羽が要求した摂津国長江《ながえ》（大阪府豊中市《とよなか》・兵庫県尼崎市《あまがさき》周辺）・椋橋《くらはし》（同前）両荘の地頭職《じとうしき》廃止を拒絶し、両者の関係は悪化していった。そして承久三年（一二二一）、後鳥羽は北条義時追討を命じる宣旨を全国に発したが、結局は幕府の軍事力の前に屈することとなった（承久の乱）。乱後、不在だった将軍職には、嘉禄二年（一二二六）に関白九条道家《くじょうみちいえ》の子三寅《みとら》（のちの頼経《よりつね》）を迎えることになる。

信濃武士の動向

承久の乱を題材とした『承久記』は軍記物だが、この争乱が勃発する原因のひとつに信濃国の武士がかかわっていたと伝えている。それによれば、安曇郡《あずみぐん》仁科御厨《にしなみくりや》（大町市《おおまち》周辺）を本拠地とする仁科一族の盛遠《もりとお》父子が、熊野《くまの》（和歌山県田辺市《たなべ》）参詣を機に後鳥羽との関係を有して「西面《さいめん》の武士」となったという。ところがこのことを義時にとがめられて父子の所領は没収され、後鳥羽は義時に返却を要請したが受け入れられなかったとされている。仁科氏の動向が承久の乱の発端となったかどうかの真偽はあきらかではないが、『承久記』は仁科氏以外にも、志賀五郎《しがごろう》・大妻兼澄《おおつまかねずみ》・福地俊政《ちとしまさ》らの信濃国の武士たちが上皇方として戦った様子を描いている。

しかし、信濃国の御家人の多くが幕府方に属したことはいうまでもない。幕府軍は北陸・東山《とうさん》・東海各道に分かれて西上し、信濃国の御家人は主に東山道に組み入れられたようである。諏訪氏《すわし》は幕府の出陣要請に対して一族会議を開き、諏訪神社の「出陣すべし」の神託を得て決断したという。そして幕府方に参陣した御家人たちは、上皇方に与《くみ》した人びとの没収地を恩賞として配分されたが、その多くは西国に所在したため、承久の乱後には新たな所領に向かう御家人が相次いだ。このような御家人は「西遷御家人」と呼ばれるが、彼らのなかには補任先の地域社会と軋轢《あつれき》を深める者も少なくなく、深刻な社会問題となっていった。

乱後の変化

承久の乱に勝利した幕府は、東国御家人の全国的な展開によって生じた諸問題など、新たに抱えることになった多くの課題に対応する必要があった。そのため京都の治安維持を名目として朝廷の動きを警戒するために設置した六波羅探題《ろくはらたんだい》には、合わせて西国の訴訟も処理させた。また頼朝以来の慣習法や判例に則った成文法「御《ご》成敗式目《せいばいしきもく》（貞永式目《じょうえいしきもく》）」を貞永元年（一二三二）に整備し、御家人に関係する裁判などの基準としている。

一方で、朝廷がこのときの敗北で蒙ったもっとも大きな代償は、皇位継承に関して幕府の意向が働くようになったことであろう。幕府は挙兵前に即位していた仲恭《ちゅうきょう》天皇を廃し、建暦二年（一二一二）に出家していた後鳥羽の兄・守貞《もりさだ》親王（法名行助《ぎょうじょ》）の子茂仁《ゆたひと》王を皇位に即けた（後堀河《ごほりかわ》天皇）。これ以後、皇位継承に幕府が関与していくことになり、のちに南北朝内乱が始まる一因ともなったのである。

義時・政子らの死

公武関係を大きく変化させた承久の乱後、幕政を主導してきた執権義時が元仁元年（一二二四）に没し、翌年には重臣大江広元と、頼朝亡き後長く影響力を示していた政子が没する。義時の第二代執権就任後、執権を中心とした政治体制は一層整備されていったが、一方で北条氏の嫡流である「得宗家《とくそうけ》」を中心とした権力闘争がしばしば展開された。

義時の子で、三代執権だった泰時《やすとき》が仁治三年（一二四二）に没すると、嫡子時氏《ときうじ》が早世していたため、孫の経時《つねとき》が第四代執権職に就く。経時は、下向から二〇年近くが経過した九条頼経の第四代将軍職を解いて、幼い頼経の子頼嗣《よりつぐ》に替えたが、これは成人した頼経のもとに集まる御家人たちを警戒したからであった。将軍職解任後も鎌倉にあった頼経は、寛元四年（一二四六）に、経時の早世に乗じた反得宗家運動との関連を疑われて京都に送還されている。このとき頼経の父道家も、朝廷に設けられた朝幕間の調停役である関東《かんとう》申次《もうしつぎ》を罷免されている（宮騒動《みやそうどう》）。なお、この騒動の主謀者とされた名越光時《なごえみつとき》を輩出した

図15　北条氏得宗・名越流・安達氏関係略系図

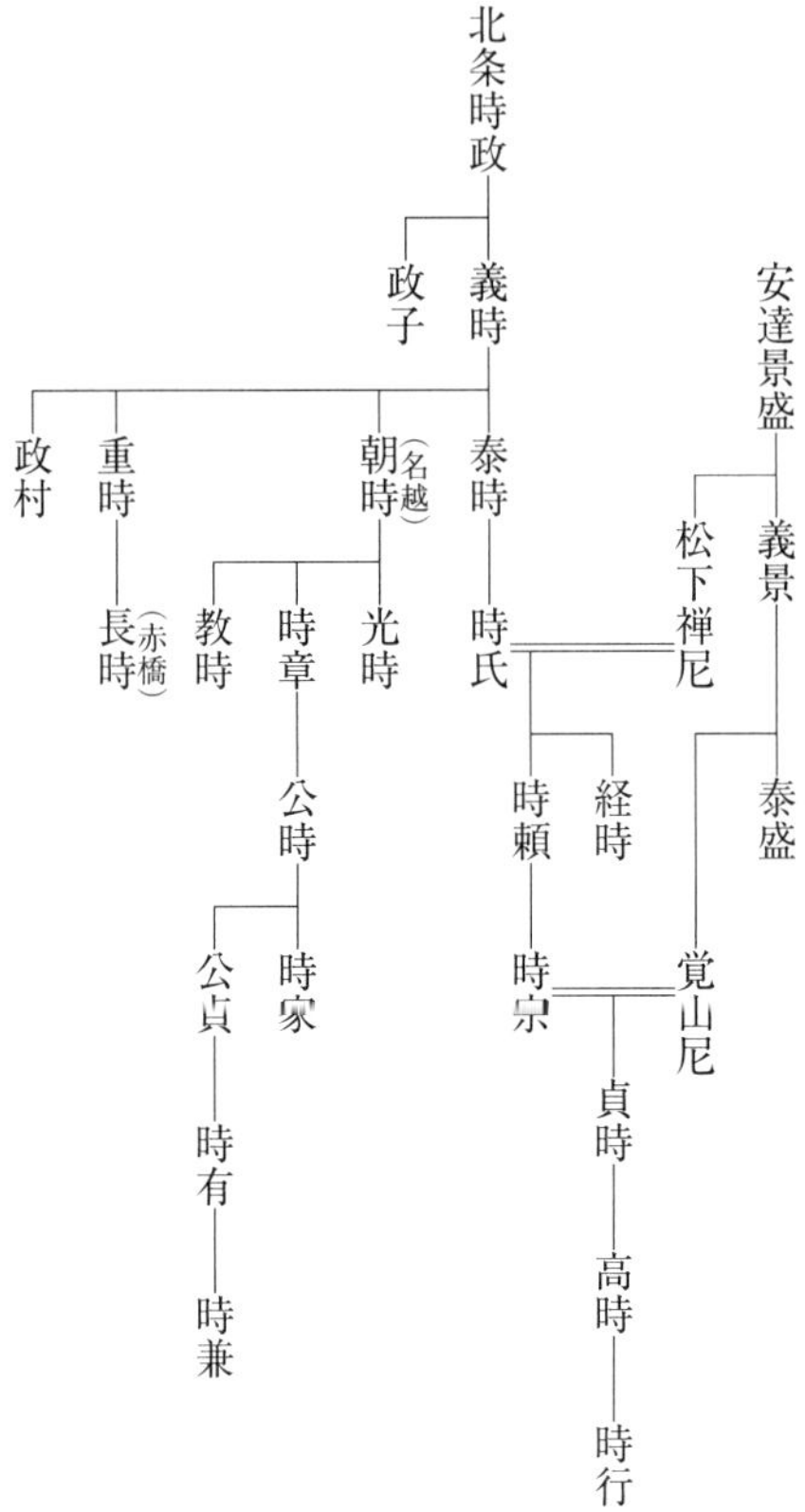

名越氏は、義時の次男朝時《ともとき》を祖とする一族で、北条一族のなかで得宗家に次ぐ家格とされていた。このため両者はしばしば対立し、このあと文永九年（一二七二）に、北条時宗《ときむね》に討伐された名越時章《ときあき》・教時《のりとき》兄弟は、光時の弟たちであった（二月騒動）。

得宗家の専制化

得宗家による権力強化の矛先は、一族以外にも向けられた。兄経時の没後第五代執権となって、宮騒動をひとまず処理した時頼《ときより》は、翌年の宝治元年（一二四七）には、幕府草創期以来の有力御家人三浦氏追討を実行した（宝治合戦）。三浦氏は、宮騒動の際には頼経を支持しながら動かず、騒動後に頼経の鎌倉帰還を画策したとされる。

この三浦氏排斥の動きには、時頼の外祖父である安達景盛《あだちかげもり》の意向が強く働いたともみられており、以後、幕府内における安達氏の発言力は強まっていったのである。さらに時頼は建長四年（一二五二）、五代将軍の九条頼嗣を中心とした謀反の疑いがあるとして、第六代将軍に一一歳の後嵯峨の皇子宗尊《むねたか》親王を迎えるが、北条氏主導による度重なる将軍交替は、将軍職をますます形骸化させた。

康元元年（一二五六）、病を理由に六代目の執権職を一族赤橋氏《あかはしし》の長時《ながとき》に譲った時頼だったが、幕政の実権は隠退後も握り続ける。こうした時頼の存在は、得宗家の地位を幕府内で押し上げる結果となり、「得宗専制政治」への道が開かれることになった。

蒙古襲来

弘長三年（一二六三）時頼が没し、翌年には執権長時が病のため辞任すると、得宗家を継ぐべき時宗が若かったことから、義時の四男政村《まさむら》が第七代執権に就任して、連署《れんしょ》となった時宗を補佐した。そして文永三年（一二六六）、大陸で大帝国に成長したモンゴル（元）からの使者が高麗《こうらい》に到来する。大陸の情勢は日本にも伝えられて緊張感が高まるなか、文永五年正月、朝貢を求めるモンゴルからの国書が届けられると、得宗時宗は第八代執権に就任した。なお、時宗執権就任後の文永九年に発生したのが二月騒動で、得宗の立場をめぐって将軍宗尊を巻き込んだ謀略が計画されたとして、七代将軍に惟康《これやす》親王が立てられている。

幕府は時宗を中心として、御家人たちに新たな負担を強いながらモンゴルとの関係に対処した。そして文永十一年と弘安四年（一二八一）の襲来（文永・弘安の役）を乗り切ったものの、三度目の襲来への警戒は継続しなければならなかった。こうした状況下で、得宗家に仕える御内人《みうちびと》と御家人安達泰盛《やすもり》の対立が深刻化し、弘安八年にはついに、泰盛が滅ぼされるという事態（霜月騒動《しもつきそうどう》）に至って、得宗専制政治が本格化することになった。

信濃国守護職を世襲した北条氏

源氏将軍家滅亡後、幕府の中枢を掌握していった北条氏は、信濃国では比企氏を滅ぼしたあと、彼らが保持していた守護職を世襲していくようになる。北条氏による信濃国への影響力が強まるなかで、国内の諸寺社を含む諸勢力は、北条氏との間にどのような関係を結んでいくのだろうか。善光寺《ぜんこうじ》をめぐる対応についてみてみたい。

善光寺と源氏将軍家

善光寺は治承三年（一一七九）の焼亡後、文治三年（一一八七）から建久二年（一一九一）にかけて、頼朝によって再興事業が実践された。

そもそも頼朝は、すでに浄土信仰の霊場・聖地として発展していた善光寺に関心を示していたようで、『古今著聞集《ここんちょもんじゅう》』巻二に収められた説話では、頼朝が善光寺如来像《にょらいぞう》を二度礼拝したと記されている。その一度目は寿永二年（一一八三）で木曽義仲《きそよしなか》追討のために出陣した際、二度目が再興後の建久八年と考えられている。二度目の参詣には、三浦氏や北条氏・千葉氏《ちばし》といった有力御家人や、村山氏《むらやまし》・望月氏《もちづきし》・海野氏《うんのし》などの信州の御家人が同行したという。

正治元年（一一九九）に頼朝が没すると、将軍家と善光寺の関係は妻の政子によって継承されたらしい。甲府《こうふ》市に所在する、いわゆる甲斐善光寺に安置されている頼朝の木像には、文保三年（一三一九）に修理された際の墨書銘が像内に残されている。それによるとこの木像は、政子の命によって制作されたという。頼朝像は本来信濃の善光寺に安置されていたが、頼家・実朝の木像と共に、戦国時代に武田信玄《たけだしんげん》によって甲府に移されたことが知られている。信濃の善光寺は、政子によって将軍家の菩提《ぼだい》を弔う寺としての立場を与えられたのであった。なお、頼家像は現在伝わらない。

承久元年（一二一九）、実朝が暗殺されると、母の政子によって源氏将軍の菩提を弔うべき寺院であるとされた善光寺と幕府の関係は、北条氏によって継承されていく。善光寺に帰依《きえ》していた政子の甥の北条泰時は、延応元年（一二三九）七月十五日、信濃国小泉荘室賀郷《むろがのごう》（上田市）の水田六段六町を寄進し、あわせて念仏衆一二人の設置を定めたのである。寄進状では、寄進田の分配方法や分配比率、念仏衆の選出方法から会合における決議をめぐる規定、勤務状況や後任の決定にかかわることまで、きわめて細かく指示されており、泰時の善光寺に対する関心が並々ならぬものであったことを知ることができる。そして泰時没後も、弘長三年（一二六三）には孫の時頼が水内郡深田郷《みのちぐんふかだのごう》（長野市）の水田一二町を寄進している。幕府にとって特別な寺院と位置づけられた善光寺は、得宗家によって変わらず庇護されたのである。

諏訪神社への関与

諏訪神社と北条氏との関係は、より具体的であった。それは諏訪氏の存在によるところが大きい。幕府草創期には、諏訪氏の嫡流は諏訪神社との関係を重視して、積極的に御家人関係を結ばなかったとされる。ところが、承久の乱においては神前での一族会議の結果、幕府の要請を受け入れて出陣した。承久の乱が幕府方の勝利に終わったことをきっかけに、北条氏の諏訪神社に対する崇敬の念は一層深まり、諏訪氏との関係は密接なものになっていく。

まず諏訪神社との関係では、嘉禎四年（一二三八）の「諏訪上社物忌令《かみしゃぶつきりょう》」の制定が注目されている。この「物忌令」は当時公家社会に広まっていた、死などの穢《けが》れに接した場合には公事や神事の催行を敬遠するという習慣を取り入れたもので、殺生禁断の考え方に

も通じるところがあった。諏訪神社は本来、軍神あるいは狩猟神としての性格をもってお
り、こうした考え方とは無縁であったといえるだろう。諏訪神社の信仰そのものにもかか
わり得る、こうした取り決めを主導した存在が北条氏であったとみられている。
すなわち「物忌令」には、将軍家（九条頼経）の発案により、伊豆山権現《いずさんごんげん》（静岡県熱海《あたみ》
市）の別当や衆徒が詮議して嘉禎三年に決定し、翌年に北条一族によって伝達されたと記
されている。関東総鎮守《ちんじゅ》とされて幕府の崇敬篤かった伊豆山権現は、北条氏の本拠である
伊豆国に所在する。当時の情勢を考えれば、頼経発案とはいうものの、主導したのは北条
氏であったとみてよいだろう。

深まる関係

また信濃国の一宮であった諏訪神社は、公家政権の出先機関である国府《こくふ》の
管理下にあるはずだったが、鎌倉時代の国府は実権を失っていた。安貞元
年（一二二七）、知行国主藤原実宣《ふじわらのさねのぶ》から信濃国の管理を任された藤原定家《さだいえ》は、国内は鎌倉
幕府に仕える武士たちの発言力がきわめて強い、との情報を得ていた。そのため実務をと
るにあたっては、執権泰時と守護の北条重時《しげとき》への挨拶が欠かせない、と助言されている。
こうした状況下で、諏訪神社に対する北条氏の影響力は、公的にも強まっていたと考えら
れる。その結果、同社の造営にも深く関与することになっていったのであろう。元徳元年

（一二二九）、北条高時《たかとき》は従来の造営所役を整備し、強化するのであった。

北条氏による諏訪神社庇護の動きは、同社の頭役勤仕者《とうやくごんじしゃ》に対する配慮にもあらわれている。頭役勤仕者が鎌倉番役《かまくらばんやく》を免除されたことは先にふれたが、そのほかにも年貢納入以外の諸公事《くじ》や新任国司《こくし》の検注《けんちゅう》などが免除されたとされる。こうした特権は、おそらく幕府草創期には成立していたと思われるが、その後も北条氏は停廃の動きをみせなかった。これは、北条氏の諏訪神社に対する配慮であり、それはすなわち、その中心的な存在であった諏訪氏に対するものだったともいえるだろう。

諏訪氏の取り込み

諏訪氏と北条氏との直接的な関係が確認できたとされる承久の乱では、諏訪氏の惣領《そうりょう》である盛重《もりしげ》は嫡男信重《のぶしげ》を出陣させた。そして戦後は、大祝職《おおはふりしき》を信重に譲って、執権泰時のもとに出仕した。『吾妻鏡』は、盛重が泰時の近習《きんじゅ》として活躍していた様子を伝えており、泰時没後は、時頼の腹心として仕えている。盛重以後、諏訪氏は幕府滅亡まで得宗家の被官《ひかん》として重用されることになったのである。

北条氏が諏訪氏を側近として取り込んだ結果、諏訪神社を紐帯とする「諏訪神党」の多くの人びとも北条氏とつながりをもつことになった。「諏訪神党」に属する一族（前掲「神氏《じんし》系図」抜粋参照）は、神氏を名乗って国内各地に分布したが、その中心は諏訪神社が

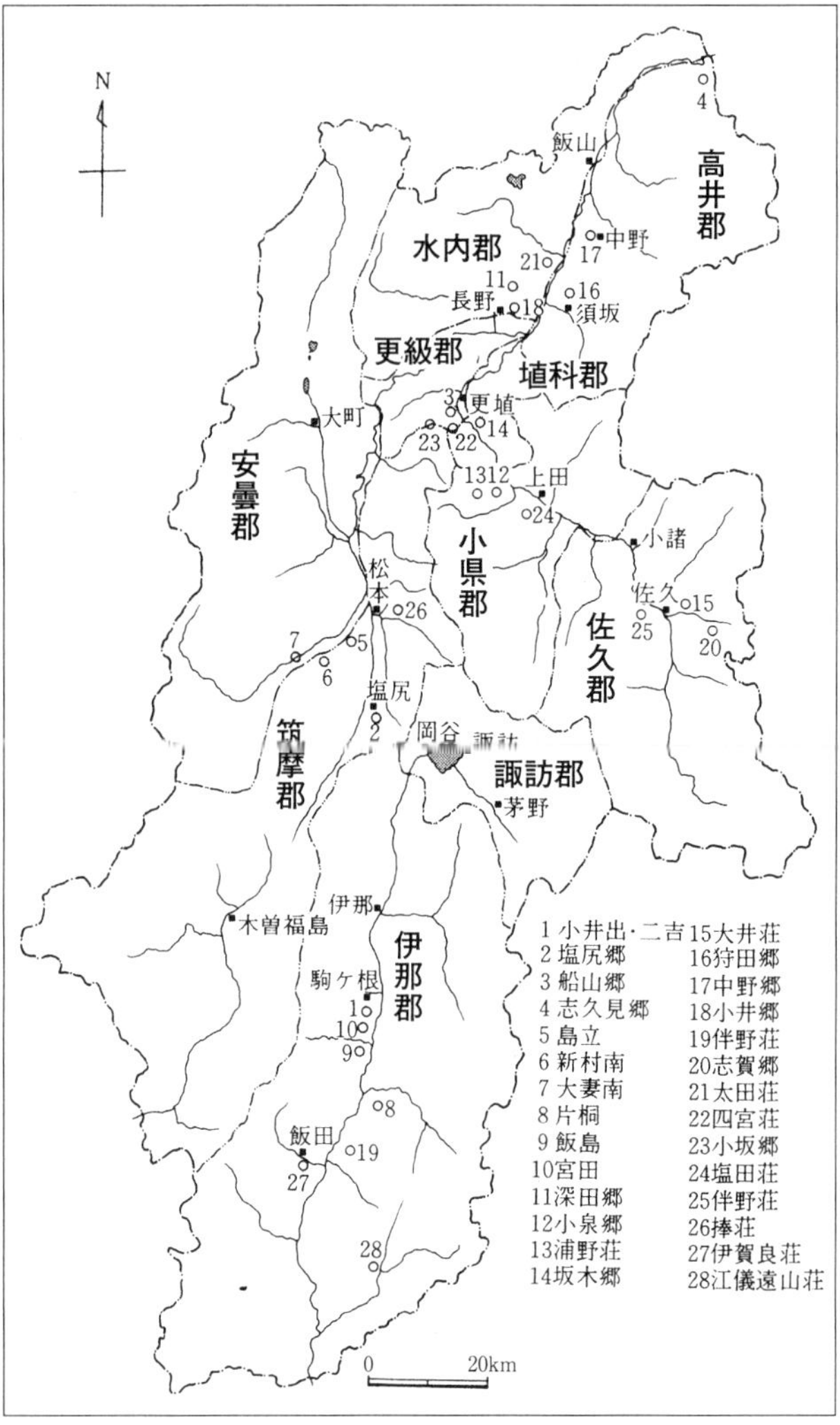

図16　北条氏の所領分布（『県史』2）

所在する諏訪郡であった。また北条氏の所領が多い地域に分布しているとされており、彼らは北条氏と諏訪氏との関係を利用して、北条氏の権威をまとって地域社会との関係を築いていたと考えられる。

信濃国内の北条氏領やその周辺は、北条氏の家臣が拠点とした。小県郡小泉荘（上田市）は泉親衡の本拠だったが、親衡が建暦三年（一二一三）二月に、北条義時を倒して源頼家の遺児の千寿丸を擁立しようとして失敗（泉親衡の乱）したあと、北条氏の所領となった。そして北条氏のもとで、安保《あぼし》氏が荘内の室賀郷を領した。安保氏は武蔵七党《むさししちとう》のうちの丹治氏《たんじし》の出身で、安保実光《さねみつ》は北条時氏らに供奉して上洛したのち、承久の乱で討ち死にしている。以後、両者の関係は深まっていったようで、安保氏は得宗家の有力な家臣となっていく。また伊那春近《いなはるちか》領内の小井弖《こいで》（小井出、伊那市）・二吉《ふたよし》（同市）両郷では、正応元年（一二八八）に工藤氏《くどうし》が境相論《さかいそうろん》の当事者となっているが、この工藤氏は伊豆国出身の一族で得宗家の家臣であった。

信濃全域に及ぶ影響力

さらに先の『明月記《めいげつき》』の記述によれば、信濃の国府機能は完全に北条氏が掌握していたと思われ、公領も事実上、北条氏の管轄下にあったと考えてよいだろう。北条氏領に諏訪神社を紐帯とした人びとの所領、さらに公領まで北条氏の影響下にあったとすれば、信濃国はほぼ全域にわたって北条氏の強い影響力を受けていたと考えられ、多くの武士たちが北条氏の庇護を期待していたことは想像に難くない。たとえば先にもふれたように、中野能成《なかのよしなり》は源頼家に仕えていたが、比企氏の乱で失脚したのち復権すると、北条氏との関係を一層深めようとしたらしい。『吾妻鏡』などには承久の乱以降、北条氏に仕える中野氏の姿が伝えられている。

鎌倉時代の信濃国にとって北条氏が格別な存在であったことは、国内に北条時頼の廻国伝説の伝承地が多く残されていることからも裏づけられる。時頼は執権職を退いたあと、身をやつして諸国を廻り弱者を救済したとされ、能の一曲「鉢の木」もこの伝説から創作されたという。時頼の執政を、中小の御家人たちが好意的に受け入れていたため、廻国伝説は各地に広まったと考えられている。信濃国内には特別に強大な一族は存在せず、時頼の廻国伝説を受け入れる素地があったといってよいだろう。

信濃国内は、鎌倉幕府草創期には政治的混乱に巻き込まれたものの、その後は次第に幕政を掌握していく北条氏の影響下で比較的平穏であったと思われる。しかしかえってそのことが、一四世紀における国内状況に少なからず影響を与えることになったのである。

悪党の登場とその多様性

紛争解決と「下地中分」「地頭請」

さて、幕府運営が次第に北条氏によって掌握されていくなかで、武士や地域社会の環境はどのように変化していったのであろうか。承久の乱によって多くの東国御家人が流入した西国では、荘園領主や地域社会との間に紛争が多発するようになる。一三世紀後半には地頭の強引な行動が目立ち始め、荘園領主もこれに対処せざるを得なくなっていく。両者は権益を確保するために譲歩と妥協を重ね、その結果、各地の事情や情勢によってさまざまな解決方法が選ばれた。

たとえば、紛争地となった地域を地頭と荘園領主で折半し、互いの干渉を排除しようとする「下地中分《したじちゅうぶん》」や、現地の管理を駐在する地頭に任せ、荘園領主は一定の年貢納入契約を彼らと結ぶという「地頭請《じとううけ》」などの方法である。ただし、こうして両者が選んだ方法は、必ずしも地域社会に受け入れられるものではなかった、という点には注意しておきたい。

基本的に武士たちは、開発以来領有している本領が存在する地域社会に生活基盤をもち、それぞれの所領を一族で管理し、その一族を家督相続者である惣領が統括した。そして、その所領を相続する場合は、分割相続が一般的であったとされる。本領の総体を管轄する惣領が交替する際に、次代の惣領に所領を継承しつつ、その一部を庶子にも相続していくことになる。こうした相続を継続していくためには、ある程度新たな所領が供給されなければならず、所領が細分化されれば惣領の立場が相対的に低下し、惣領と庶子の関係は不安定なものになっていった。

承久の乱以後、多くの武士たちには所領を獲得できるような機会がなかった一方で、幕府内部の政争の頻発は、政争の勝者に与した者への恩賞を約束した。得宗家の専制化とそれに伴う得宗家被官、とくに長崎氏《ながさきし》に代表される御内人《みうちびと》の強権化は、その結果であったといってよいだろう。

中野氏の所領相続

武士社会に新たな所領が供給されないという事態は、一族の存続を危機的なものにする場合もあった。たとえば二代将軍頼家の側近であり、北条氏との関連も指摘されている中野氏の場合、信濃国中野郷（中野市）や志久見《しくみの》郷《ごう》（栄村《さかえむら》）周辺に所領をもっていた。しかし、能成の嫡子忠能《ただよし》による分割相続の結果、所領が細分化され、市河氏《いちかわし》に多くの所領が継承されたことを、『市河文書』によって知ることができる。同文書は中野氏との関係だけではなく、市河氏を中心とした鎌倉期以降の信濃国の情勢を知るうえで、現在きわめて貴重な存在となっている。そもそも市河氏は、甲斐国巨摩郡《こまぐん》市河荘（山梨県市川三郷町《いちかわみさとちょう》）を本拠とする甲斐源氏の一族で、信濃国内には埴科郡船山郷《はにしなぐんふなやまのごう》（更埴《こうしょく》市周辺）に所領をもっていたとされる。この船山郷を起点として、北条氏との関係を密にしていた中野氏と姻戚関係を結び、その所領を継承することによって信濃武士としての地盤を獲得したのであった。

中野氏の所領相続の経過は複雑だが、その原因のひとつは、彼らが積極的に他氏からの養子を受け入れ、また女子への相続を繰り返したことにあった。中野氏と市河氏の所領相論の発端は、文永九年（一二七二）に袈裟御前《けさごぜん》（釈阿《しゃくあ》）から所領を譲られた養子市河盛房《もりふさ》が、本来の釈阿知行分を超えて長能《ながよし》（仲能《なかよし》）知行分を押領しようとしたところにあった。これに対して、釈阿の母蓮阿《れんあ》が釈阿知行分を悔い返そうとしたのである。「悔返《くいかえし》」とは、御成敗式目二〇条にも認められており、父祖が子孫に与えた財産や所領を、父祖の意志に

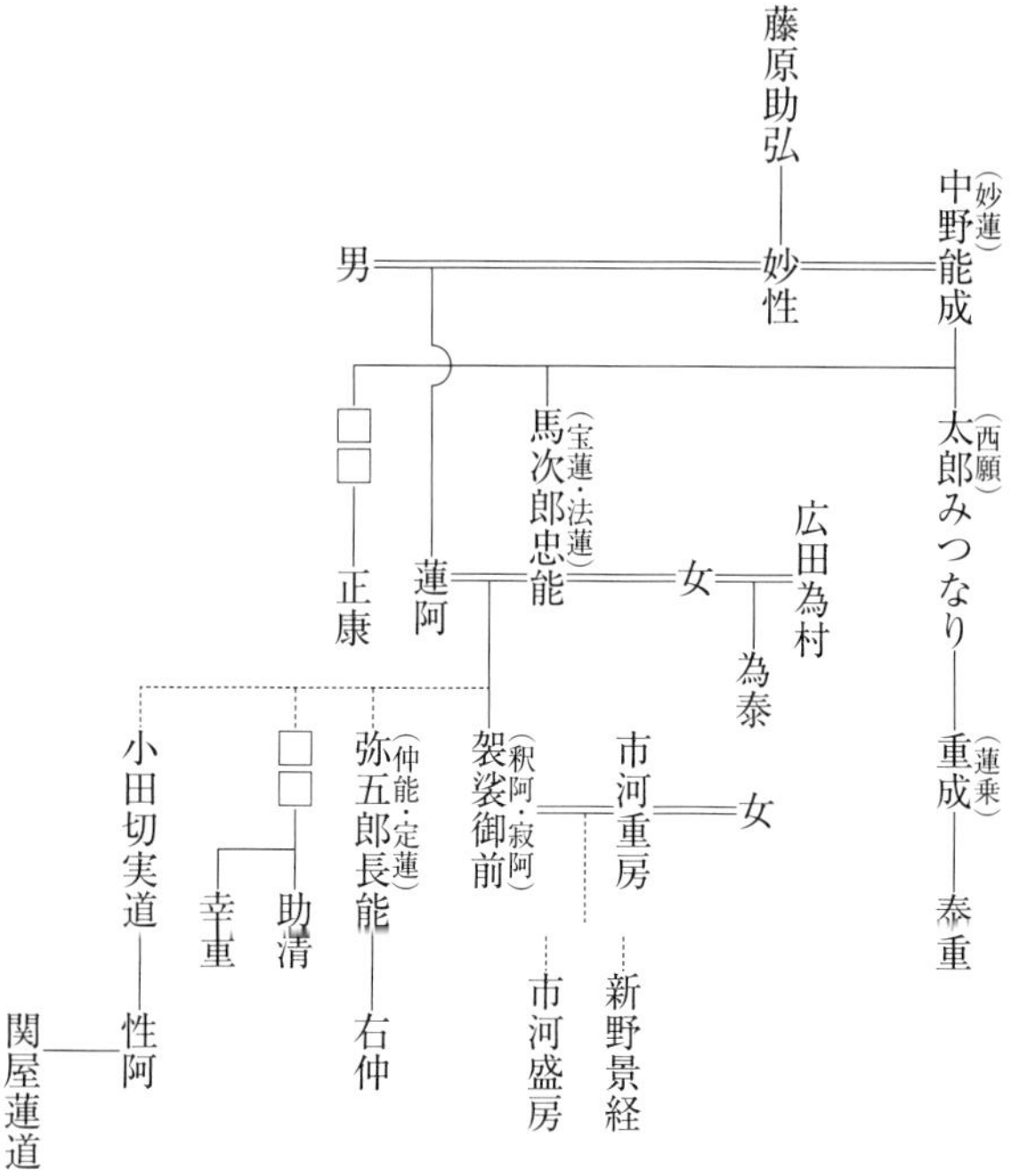

図17　中野氏略系図

よって取り戻す権利のことであった。なお、この紛争を調停した幕府の裁決は、盛房の押領は停止したものの悔い返しは認めず、中野一族のもくろみを裏切るものとなったが、盛房の所領の範囲は釈阿遺領分のみに確定され、仲能の知行分は保全された。

　中野氏は結局、所領の一部を市河氏に流出させてしまうことになったわけだが、氏寺は養子ではあるものの、中野氏を継承した仲能の管理下に置かれた。中野氏の活動が戦国時代まで確認されていることと、一族結束の紐帯である氏寺を確保していたことが無関係とは思えない。幕府が市河氏による仲能知行分への干渉を許さなかったのは、それを許せば中野氏が滅亡の危機に瀕することを認識していたからであろう。武士にとって分割相続はこうした危険をつねに内包していたわけで、中野氏の場合のように、所領の細分化後に一族の存続を勝ちとれた者ばかりではなかったに違いない。

地域社会の変容

武士が存亡の危機に遭遇する場面は、所領相続の機会ばかりではなかった。鎌倉時代には、大小の飢饉が多発したことが知られている。とくに安貞二年（一二二八）ころから続いた天候不順による「寛喜《かんぎ》の飢饉」や、正嘉二年（一二五八）以降に全国的な凶作となった「正嘉《しょうか》の飢饉」などは、各地に大きな被害を出した。こうした環境のなかに平時の武士たちの生活はあったのであり、御家人たちの生活基盤である地域社会の環境も少しずつ変化していた。

繰り返される不安定な気候はさまざまな生産活動を直撃したが、農業においては多様な工夫によって生産力の向上が図られた。具体的には、草や木の灰の肥料としての利用（草木灰）、農具の改良、あるいは西国を中心とした稲作後の麦作の実践（二毛作）などがあげられる。生産力が向上した結果、販売可能な生産物が生まれ、さらにそれらを売買する場

（市）が定期的に設定されるようになると、農産品以外にも流通が望まれる品物が売買されるようになっていった。次第に拡大する商品の流通活動は、運送業などのさまざまな産業を自立させることになった。そして、それらの活動を支えたのが貨幣である。いわゆる貨幣経済は急速に浸透し、年貢の銭納化も進んで、借上《かしあげ》と呼ばれる金融業者などの活動も活発化していった。

幕府の求心力の低下

一方、御家人たちは二度のモンゴル襲来を戦ったものの、それが防衛戦争であったがゆえに分配される所領が十分ではなく、不満は蓄積されていった。さらに、モンゴルの襲来に対応するために幕府から課された新たな負担は、三度目の襲来を警戒して継続されており、事態は一層深刻であった。御家人のなかには所領を手放さざるを得ない者もあらわれ始めたことから、幕府は永仁五年（一二九七）には、御家人が所領を質入れすることなどを禁じ、手放した所領の返却などを命じた。この「永仁の徳政令《とくせいれい》」は御家人生活の保護を目的としたものだったが、経済活動は混乱し、御家人の生活はますます困窮して、幕府に対する不満は募ることになったのである。

御家人の生活を保障できない幕府の影響力は、次第に低下していった。一方で武士のなかには、変化に対応してさまざまな経済活動にかかわる者や、実力によって自らの権益を維持・拡大しようとする者などがあらわれ始める。彼らはもはや幕府の保護・保障を必要としておらず、幕府の鎮圧活動も、彼らが地域社会のなかに築いたネットワークによって十分な成果があげられなかった。こうした従来の秩序から逸脱し、それぞれの環境のなかで、おのおのの正当性を拠り所として自立しようとする動きは、地域社会全般にみられるようになっていく。

また地域社会では、地頭たちの活動が活発化したことに伴い、荘園領主支配が変化・強化される事態も発生した。そうしたなかで、それまでに獲得してきた権益が否定される者は、荘園領主と激しく対立することになった。彼らは自らの権益に正当性があることを主張し、その主張と相容れない人びととの武力抗争も辞さなかったため、地域社会は不安定化し、幕府による取り締まりの対象となった。しかし、こうした人びとのなかには、流通経済をとり入れて広範なネットワークを構築している者も多く、幕府の統治機能は十分に発揮されなかった。幕府は自身の規範に従わない多様な存在を「悪党」として糾弾したが、ついに彼らの活動を完全に制御することはできなかったのである。

悪党の姿

この悪党の姿の一面を伝える史料に、一四世紀半ばに成立したと考えられている播磨国の地誌『峯相記《みねあいき》』がある。同記によれば、悪党たちは異類異形な服装で徒党を組み、次第に重装備な武装集団となって、戦闘に従事するようになっていったという。一三世紀末期からみられ始めた彼らの活動は活発化・広域化し、幕府の統制が及ばなくなっていったと伝えている。幕府滅亡の要因のひとつとされた、悪党問題の重大性を言い当てた指摘である。幕府が社会全般に求められた役割は治安維持であったはずだが、その点において統治不全に陥ったことは致命的ともいえるだろう。

ただし、『峯相記』が伝える悪党の姿が、各地で蜂起した悪党たちすべてに当てはまるわけではない。それでは、当時社会問題となった悪党たちは、具体的にどのような人びとだったのであろうか。それぞれの悪党事件には多様な背景が存在するため、ひとことで悪党たちの実態を解説することは難しいが、その多様性は当時の社会問題の複雑さのあらわれでもある。

在地荘官層の悪党化

たとえば伊賀国黒田荘《くろだのしょう》（三重県名張市《なばり》）の場合、悪党と呼ばれたのは、地域の有力者として現地の荘官に任じられていた大江氏である。荘園領主東《とう》大寺《だいじ》は、地域社会との間に生じ始めた田畑の管理をめぐる軋轢を、平安時代以来下司職《げししき》として現地で東大寺支配を担っていた、大江氏に特権を与えて管理を強めようとした。しかし、大江氏はその特権を利用して所領の拡大を図り、東大寺と衝突することになる。東大寺と大江氏の対立は一四世紀にはいっても継続し、武力闘争もいとわない大江氏はしばしば悪党と呼ばれたのである。

東大寺と大江氏との関係でとくに注意しなければならないのは、両者はそもそも協力関係にあったという点である。そしてこうした関係にあった両者、すなわち荘園領主とその在地荘官である下司職や公文職《くもんしき》を有した人びととの対立が、悪党事件に発展していったケースは各地で確認されている。播磨国矢野荘《やののしょう》（兵庫県相生市《あいおいし》）などの悪党事件も、これに該当する。

その多くの場合、荘園領主が荘園という枠組みを強化しようとしたとき、地域秩序を担っていた在地荘官層との関係を悪化させた。農業生産から流通経済まで、周辺地域と広域的な関係を形成するようになっていた地域社会における生活様式の多様化が、荘園領主と地域有力者が守ろうとするものを変えていったといえるだろう。

預所の悪党化

こうした傾向は、荘園支配のなかでは下司職や公文職といった下級荘官層を統括する、預所《あずかりどころ》職補任者にもみられるようになっていく。預所といえば文字通り、荘園領主が現地支配の責任者として任命した人物である。

たとえば、保延元年（一一三五）に立荘された伊予国弓削島荘《ゆげのしまのしょう》（愛媛県上島町《かみじまちょう》）の事例があげられる。同荘は延応元年（一二三九）に東寺《とうじ》領となり、塩を年貢とした。一三世紀後半になると、東寺はこの荘園の預所に加治木頼平《かしきよりひら》という人物を補任して管理させたが、彼は地頭との下地中分をめぐる混乱後、現地周辺を活動拠点としていた承誉《しょうよ》を預所代官に任じた。

承誉は正和四年（一三一五）、外部からの侵入者を撃退した功績によって預所に任じられるが、彼自身も荘園領主東寺に従順な存在ではなかった。実力行使をしばしば伴い、地域社会からの反発も受けて、悪党と呼ばれることになる。しかし東寺は、彼を糾弾しながらもその実力を無視できなかった。承誉は塩の流通に関与する商人的な側面をもって経済力を蓄えており、東寺としてはそうした彼の実力に期待する部分も多く、その後預所職への補任と解任を繰り返すことになる。

悪党化する多様な人びと

弓削島荘の承誉の行動が示すように、一三世紀後期以降地域社会における商品流通はますます活発化しており、そこに基盤を置く人びとも増加していった。そのため悪党事件の舞台は荘園に限定されることなく、流通の要地でも展開されることになる。

兵庫関（兵庫県神戸市兵庫区）は、建久七年（一一九六）に重源《ちょうげん》が関銭の徴収を認められてから、東大寺がその徴収権を確保していた。ここに正和四年（一三一五）、延暦寺《えんりやくじ》から離脱した山僧と兵庫関周辺の人びとの連合体である悪党たちが乱入したのである。彼らは関所の管理者を追い出し、いったんは占拠して城郭を構え、幕府から派遣された武士たちと合戦に及んだ。このときの悪党事件は、商業活動に従事する者たちが、東大寺の関銭徴収に抵抗したものだったと考えられている。

また矢野荘の悪党寺田法念《てらだほうねん》は、御家人としての側面も有していた。御家人でもあった法念が、悪党と糾弾されて幕府から鎮圧の対象とされたことは、彼にとって東寺との対立解消に幕府は有効な存在とはいえず、実力に頼るしかなかったということだろう。

しかし、丹波国宮田荘《みやたのしょう》（兵庫県丹波篠山市《たんばささやまし》）で悪党と呼ばれた生西《しょうさい》の場合は、公文職経験者であるが御家人身分はもたず、勝手に御家人と号して荘園領主から訴えられている。当時隣荘大山荘《おおやまのしょう》（兵庫県丹波篠山市）の地頭中沢氏《なかざわし》との間で発生した用水相論をめぐって、幕府は中沢氏の縁者を含む人びとによって裁判を進め、結局宮田荘側の権益が損なわれる結果となった。こうした公平性を欠く幕府の姿勢は、地域社会の不満を蓄積させる原因のひとつとなったと考えられるが、生西は地域の権益を保障する存在としての荘園領主近衛家《このえけ》を見限り、御家人を号したと考えられる。

以上のように悪党事件が発生するきっかけの多くは、新たな管理者の登場もしくは上部権力の統治システムの変化・強化によって、地域社会の秩序に変更が求められた場合であった。その背景には従来の秩序や統制では縛ることができない新たな営みの創出があり、そうした地域社会の情勢の変化に上部権力が対応できなかった、という見方もできるだろう。そして新たな秩序が彼らの権益を否定した場合、彼らは統治者や対抗勢力に対して実力行使を辞さずに、その正当性を主張したのであった。

信濃国の悪党──善光寺「寺辺悪党」

上部権力の変動や地域社会の変化といった状況は、信濃国においても発生している。たとえば国内にも承久の乱で京方に与した人びとがおり、その没収地を新たな所領とした人びとも存在した。さらに流通経済が進展していくなかで、東国と西国の結節点という位置にあって、特産品をもつ信濃国内の市場の重要性は高まっていたと考えられる。

信濃国と悪党

とくに信濃国で、紛争の当事者となった一族として注目されるのは井上氏《いのうえし》であろう。井上氏は、長元元年（一〇二八）に房総半島で起こった、平忠常《たいらのただつね》の乱を平定した源頼信《よりのぶ》の子頼季《よりすえ》らが、高井郡《たかいぐん》井上（須坂市《すざかし》）に土着したのをはじまりとする一族とされる。治承《じしょう》・

寿永《じゅえい》の内乱では井上光盛《みつもり》が源義仲のもとに参じたが、その後は頼朝に属した。しかし後白河法皇に接近したことを頼朝に怪しまれ、元暦元年（一一八四）に殺害されている。このため信濃国内では、鎌倉期の武士としての井上氏の動向は詳らかではない。

そうしたなかで、戸隠山顕光寺《とがくしさんけんこうじ》の別当職には、しばしば一族を送り込んでいる。一三世紀前半の二九代別当澄海《ちょうかい》も井上氏の出身であったが、彼は大衆《だいしゅ》と合戦に及んだらしい。また文永五年（一二六八）には、井上盛長《もりなが》が善光寺を焼き払って誅殺されたという。残念ながら、顕光寺大衆との合戦も善光寺への非法も原因はわからないが、その問題解決の方法として、合戦や焼き払いといった手段を選択したことに、井上氏に悪党性を見出すことはできるだろう。

「寺辺悪党」の評価

しかし現実には、信濃国内にかかわる悪党文言をもつ史料は一点だけである。それは『吾妻鏡』文永二年（一二六五）十一月二十日条で、「信濃国の善光寺周辺の悪党を鎮圧し、さらに善光寺を警固するために奉行人を指名したが、彼らは任務以外の雑務にかかわってきちんと職務を遂行せず訴訟に及んだので、今後は奉行人の任務を停止する」という内容であった。そしてこのとき任務を解かれた奉行人は「和田石見入道仏阿《わだいわみにゅうどうぶつあ》・原宮内左衛門入道西蓮《はらくないさえもんにゅうどうさいれん》・窪寺左衛門入道光阿《くぼでらさえもんにゅうどうこうあ》・諏方部四《すわべし》郎左衛門入道定心《ろうさえもんにゅうどうじょうしん》」の四名だった。

この記事に関連する史料は存在せず、「寺辺悪党」の実態や奉行人の設置時期などについては一切不明である。これまでに、善光寺付近で悪党事件が発生する可能性として、①善光寺支配に深くかかわった北条氏と地域勢力との軋轢、②善光寺による荘園支配に対する抵抗、③善光寺と戸隠山顕光寺の別当職をめぐる対立の三点が指摘されている。「寺辺悪党」の実態をあきらかにすることは難しいが、一三世紀中期ころに信濃国や善光寺が置かれた状況を改めて整理してみると、おぼろげながらその姿がみえてくる。

善光寺奉行人の設置

善光寺は初代将軍頼朝が深く信仰し、その後は頼朝の妻政子によって、源氏将軍家の菩提を弔う特別な寺院と位置づけられたことにより、北条氏も一貫して庇護していた。鎌倉幕府にとってきわめて重要な意味をもつ、善光寺周辺の治安を脅かす存在が出現していたとすれば、それを容認することはできなかったに違いない。「寺辺悪党」の存在は幕府の威信にかかわる問題だったわけで、寺の警固のためとして奉行人を設置したのは、幕府の善光寺を庇護するという強い意志が存在したと考えてよいだろう。

あるいは奉行人設置の背景については、善光寺の本寺園城寺《おんじょうじ》の要求という側面もあったと考えられる。頼朝は生前、本寺の園城寺から善光寺の治安維持を求められていたという。そしてその要請を受けて設置された善光寺地頭職を強く望んだのが、有力御家人の長沼宗政であった。彼は「自分の前世は罪人なので、善光寺との御縁を持つためにも、是非地頭職に補任して欲しい」と願い出て補任されたが、園城寺との間で問題が発生したようで、承元四年（一二一〇）に解任されてしまう。しかしその後も宗政は善光寺周辺に影響力を残したらしく、嘉禎二年（一二三六）には、善光寺の僧侶が宗政の代官の強引な行為を停止するように訴えている。

先にもふれたように、宗政は公家社会に傾倒する三代将軍実朝の態度に不満を募らせていたことで知られる。また『吾妻鏡』には、彼が馬の管理・育成に精通、もしくは深く関与したであろうことを推測させる記事が、しばしばみえている。『延喜式《えんぎしき》』は信濃国内の御牧を一四ヵ所あげており、善光寺周辺にも吉田牧《よしだのまき》（長野市）や大室牧《おおむろのまき》（同市）などの牧が存在した。善光寺が牧の経営にかかわったかどうかは不明だが、馬の管理に関してある種の能力を有していたと思われる宗政が、善光寺の地頭職を欲した理由のひとつに、善光寺周辺の地勢的・気候的環境が馬の飼育に適していたことを想定してもよいのではないか。

善光寺地頭職が長沼氏に大きな意味をもっていたからこそ、解任後もその地位に固執したのであろう。善光寺地頭職設置という前例と、その結果生じた宗政の善光寺への執拗な関与という事態が、奉行人を設置するきっかけのひとつになった可能性もある。

善光寺の寺内組織

それでは、善光寺の寺内組織はどのようなものだったのだろうか。残念ながらその詳細は不明とせざるを得ないが、多少その概要をうかがい知ることができる史料として、鎌倉中期臨済宗《りんざいしゅう》の僧である東巌慧安《とうがんえあん》の事績を伝える、『東巌慧安禅師行実《ぜんじぎょうじつ》』という書物がある。

それによれば善光寺は聖護院《しょうごいん》領で、あるときの正別当《せいべっとう》は静成法印《せいせいほういん》、その代官は左衛門尉《さえもんのじょう》家重《いえしげ》という人物であった。静成と家重は師弟関係にあったため、仕事は正直で衆徒も帰伏していたが、家重は善光寺における寺務よりも京都で仏法にかかわりたいという思いが断ちがたく帰京を懇願した。そこで大和法橋《やまとほっきょう》という人物を、雑掌《ざっしょう》として善光寺に遣わすことになった。しかし彼は、下向するとまもなく悪事を働くようになり、年貢未進のほか賄賂と引き替えに権別当《ごんのべっとう》を交替させてしまった。このため解任された権別当が上洛して正別当に訴え、権別当は還補され、大和法橋の雑掌職は改易《かいえき》されたのであった。

本寺園城寺の意志

この記事のように善光寺が運営されていたとすれば、善光寺の名目的な管理者は、園城寺の三門跡の一つである聖護院に住する僧侶で正別当と呼ばれ、現地には実質的な管理者である権別当が任じられていたことになる。この権別当職は世襲の役職として一目置かれる存在だったようで、善光寺内でおそらくもっとも権威があった人物と思われるが、その実態は不明である。雑掌大和法橋の非法を聖護院に訴えて還補されていることから考えると、権別当の任命権は正別当にあるものの、実務的な権限はあまり掌握していなかったのではないだろうか。やはり権別当も京都を基盤とする人物が、代々任命されていたと考えられる。さらに実務を担当する代官・雑掌と呼ばれる人びとについても、聖護院の僧侶と師弟関係をもつ人物が任命されて、善光寺に派遣されていた。善光寺の寺内組織の中枢は、本末関係にあった園城寺聖護院によって統治されていたことがわかる。

善光寺が地域社会にとって重要な信仰の対象であったことはいうまでもないが、一三世紀段階で地域社会からそれを運営する組織に深く関与した痕跡は確認できない。そして園城寺の善光寺に対する関与の深さが、地頭職の任免をめぐる動きにも影響していたのであろう。善光寺の治安を不安定にする存在であっても、逆にそれを取り締まるべき地頭であっても、園城寺は善光寺への外部からの影響力を排除しようとする立場を貫いたのであった。

そして、先の『吾妻鏡』文永二年（一二六五）十一月二十日条の奉行人四名の解任についても、園城寺の意向が働いていたと考えてもよいだろう。四人の拠点は和田石見氏が長池郷《ながいけごう》（長野市南長池）、原氏が平林郷《ひらばやしごう》（同市平林）、窪寺氏は窪寺月林寺（同市安茂里《あもり》窪寺）、諏訪部氏は後庁（同市長野後町）の周辺であったという。彼らは善光寺周辺を拠点とした御家人だったのである。そしてその一族の名は、嘉暦四年（一三二九）の諏訪神社の五月会における頭役一三番を定めた関東下知状《かんとうげちじょう》にみえている。北条氏と諏訪神社は密接な関係にあり、同社の頭役を勤めることは北条氏との強いつながりを示すものであったとされる。四人の奉行は、北条氏とも密接な関係をもっていたとみてよいだろう。

奉行人たちの立場

そのように考えるとき、北条氏が善光寺に強い関心を示していたこととの関連性に注意しないわけにはいかない。執権泰時や時頼は善光寺に水田を寄進し、寺内規定にも踏み込んで影響力を残そうとするなかで、善光寺には四人の奉行人が設置されたのである。そこに、善光寺に深く関与したいという北条氏の意図をみることは可能だろう。しかし、いかに北条氏ではあっても、本寺園城寺が納得する正当性をもたずに、善光寺に関与するわけにはいかなかったに違いない。そこで用いられたのが、「寺辺悪党」ではなかったか。

一三世紀中期には、荘園領主にとって悪党問題は深刻化しており、悪党の鎮圧・悪党行動からの警固を担うことは、北条氏にとってまさに正当性を有する行為であった。すなわち「寺辺悪党」は、善光寺への関与を強めたい北条氏による「幻影」であり、北条氏の意図を察知した本寺園城寺は、新たに設置された奉行人たちの実害を問題視したのではなかったか。

しかし善光寺は、長沼宗政の代官による押妨や、文永五年の井上盛長による焼き打ちという事件を経験しており、こうした体験が「寺辺悪党」の存在を印象づけることになったことは間違いない。少なくとも園城寺が奉行人設置を容認した段階では、善光寺周辺に悪党事件が発生する可能性を感じていたといってよいだろう。実際には「幻影」であったかもしれないが、園城寺や善光寺は、社会的な問題として次第に深刻化していた悪党事件が、信濃国でも発生する必然性を認識していたといえよう。信濃国も他国同様、悪党として行動し得る人びとが胎動する社会的な状況に置かれていたのであった。

建武政権の成立と崩壊

倒幕運動のなかの悪党たち

倒幕運動の始まり

文永九年（一二七二）の後嵯峨《ごさが》法皇崩御以後、亀山《かめやま》天皇系の大覚寺《だいかくじ》統と後深草《ごふかくさ》天皇系の持明院《じみょういん》統は皇位継承をめぐって対立を深めていたが、鎌倉幕府は両統が交互に皇位に即く両統迭立《りょうとうてつりつ》の原則で対応した。その原則に基づいて正安三年（一三〇一）に即位した大覚寺統の後二条《ごにじょう》天皇は、延慶元年（一三〇八）二四歳で急逝、持明院統の花園《はなぞの》天皇が即位した。後二条には皇子邦良《くによし》親王があったが、まだ幼かったうえに病弱だったとされ、後二条の父後宇多《ごうだ》法皇は第二皇子の尊治《たかはる》親王を花園の皇太子とする。しかしこの立太子は、あくまでも大覚寺統の嫡流である邦良に皇位を継承するための選択であった。後宇多は尊治即位（後醍醐《ごだいご》天皇）後、両統迭立の原則を破って後醍醐の皇太子に邦良を立てることに成功し、後醍醐とその一族には邦良を支えるよう求めている。

皇位に即いた後醍醐は、元亨元年（一三二一）に後宇多が院政を停止したことによって親政を開始する。この親政では、記録所《きろくしょ》の設置や新関廃止などが実施されたという。後醍醐の積極的な親政運営が災いしたのか、正中元年（一三二四）に倒幕計画の嫌疑をかけられるが、彼自身の処分は見送られた（正中の変）。そして嘉暦元年（一三二六）皇太子邦良が急逝し、あらたな皇太子に持明院統の量仁《かずひと》親王が立てられると、大覚寺統は皇位を失う危機を迎えることになった。そうしたなかで元弘元年（一三三一）、側近吉田定房《よしださだふさ》の密告によって倒幕計画が露見する（元弘の変）。

幕府軍の信濃武士

この元弘の変への関与を疑われた人びとは、鎌倉に連行された。そのうち、正中の変でも関与を疑われた日野俊基《ひのとしもと》を預かったのは、得宗家《とくそうけ》の家臣としての地位を確立していた諏訪氏《すわし》であった。

元弘元年（一三三一）八月二十四日に後醍醐が京都を脱出し、その後笠置寺《かさぎでら》に遷幸して挙兵すると、追討の軍勢に諏訪氏をはじめとした信濃国の武士たちも動員された。これは、北条氏《ほうじょうし》と諏訪氏との関係からすれば当然だった。当時の信濃国守護は北条仲時《なかとき》であったが、彼は六波羅探題北方《ろくはらたんだいきたかた》を勤めていたため、国内の武士たちは守護代官に率いられたらしい。

楠木正成の登場

ところで『太平記《たいへいき》』によれば、笠置寺に入った後醍醐は夢をみる。それは、内裏《だいり》の紫宸殿《ししんでん》の庭先の常盤《ときわ》「木」が「南」方に延ばした枝の下の玉座が空席だった、というものであった。その後、河内国金剛山《こんごうさん》（奈良県御所《ごせ》市・大阪府千早赤阪村《ちはやあかさかむら》境）を拠点とする（木＋南＝楠）正成《まさしげ》と出会ったという。後醍醐は正成らに支えられて幕府軍と戦うものの敗れて捕らえられるが、正成たちは抵抗を継続する。

後醍醐にとってきわめて厳しい情勢のなか、客観的には勝算はなかったと思われる軍事的劣勢下で参陣した正成とは、どのような人物だったのか。残念ながら彼について、『太平記』の記述以外から知り得る部分は多くない。楠木氏《くすのきし》に関する信頼できる系図も残されておらず、正成の父の名前さえ『尊卑分脈《そんぴぶんみゃく》』は正遠《まさとお》、『系図纂要《けいずさんよう》』は正澄《まさずみ》として本名は正遠、『群書類従《ぐんしょるいじゅう》』所収の「楠氏系図」は正康《まさやす》とするように一定しない。しかし楠木氏が橘《たちばな》姓を名乗っていたことは、正成の自筆とされる湊川《みなとがわ》神社（兵庫県神戸市中央区）所蔵法華経《ほけきょう》の奥書に「橘朝臣正成」と署名されていることから間違いないと考えられている。

楠木氏の活動

そして河内国を拠点とする楠木氏の活動の痕跡が確認できる事件として、正成と後醍醐との出会いから四〇年近くさかのぼった永仁二年（一二九四）に、播磨国大部荘《おおべのしょう》（兵庫県小野《おの》市）で発生した悪党事件がある。翌年荘内の百姓たちが提出した申状（上申書）によれば、荘園管理を請け負っていた垂水繁昌《たるみしげまさ》は、荘園領主東《とう》大寺《だいじ》との契約を違えて職務を解かれると、武装して数百人の悪党たちを引き連れて荘内に乱入したという。

このとき、彼らは年貢米を押領し銭貨資財を奪取しているが、同行させた「数千万夫駄」（人夫と役馬のこと）が家々の前に充満したと伝えられている。繁昌たちは奪いとった年貢米や銭などを運搬するために彼らを引率したと思われる。そうした動員がかけられたのは、繁昌らが運送業に関与していたからだろう。そしてこの悪党たちのひとりに「河内楠入道」の名があり、年代的に正成の父親もしくはその兄弟ではないかと考えられている。

正成の父は、猿楽能《さるがくのう》を確立したとされる観阿弥《かんあみ》とも関係を有していたらしい。観阿弥は、伊賀国服部郷《はっとりごう》（三重県伊賀市）を本拠とする御家人《ごけにん》服部氏の一族とされている。そして、その出自にかかわる伝承を比較的正確に反映させた系図とされる上嶋家本「観世系図」によれば、観阿弥の母は「河内国玉櫛庄《たまぐしのしょう》橘入道正遠女《むすめ》」という。正遠は正成の父と伝えられ、正成の父は河内国玉櫛荘（東大阪市）を拠点として、伊賀国の人物とも交流していたことになる。摂関家領であった玉櫛荘は水陸交通の要衝《ようしょう》とされており、そこを拠点とした正遠自身も、流通にかかわる人物として、垂水繁昌の「夫駄」徴発に協力した可能性もあるだろう。

　楠木一族の活動の様相は、河内国を基盤として周辺地域にさまざまな形で影響力をもったであろうことを想定させる。そしてそれは従来の規範では把握しがたいものであって、上部権力にとっては御しがたい存在だったに違いない。正成も、そうした一族の一員として活動したことは当然であった。彼は元徳三年（一三三一）、臨川寺《りんせんじ》（京都市）領和泉国若《わか》松荘《まつのしょう》（大阪府堺《さかい》市）に、「悪党楠兵衛尉」として乱入しているのである。この乱入事件は、正成が後醍醐の倒幕運動に応じるための行動であったとされているが、悪党的な行為によって軍事行動の準備を整えたところに、楠木一族のあり方があらわれているといえるだろう。その後、『太平記』のなかで奮戦する正成は、ゲリラ戦を得意としたことで知られる。

倒幕運動の失敗

　後醍醐は、倒幕運動を開始した時点で、悪党と呼ばれながら武力動員が可能な武士的側面をもつ楠木正成と遭遇したのであった。しかし元弘元年（一三三一）九月二十八日には、遷幸一ヵ月ほどで笠置寺は陥落して幕府に捕えられる。そして十月十五日、赤坂城（大阪府千早赤阪村）を攻撃するため四手に分かれて出陣した幕府軍のうち、宇治《うじ》（京都府宇治市）からの軍勢に諏訪氏の名がみえ、そのほかの信濃国の武士たちは山崎《やまざき》（京都府大山崎町周辺）から四天王寺《してんのうじ》（大阪市）に進む軍勢に属したとみられる。

後醍醐は、翌年三月には隠岐島《おきのしま》（島根県西ノ島町）に配流されるが、その後も各地の倒幕活動は継続していた。そこで幕府は、その活動を収束させるため改めて軍勢を派遣した。『太平記』によれば、このとき甲斐国と信濃国の源氏の軍勢七〇〇〇騎余が、中山道《なかせんどう》を経由して京都に入ったという。畿内に入った幕府軍は赤坂城・吉野城《よしのじょう》・千早城（大阪府千早赤阪村）を攻撃するが、それらの合戦における信濃国の武士たちの具体的な活躍はほとんど記録されていない。

信濃武士・村上父子の奮戦

そうしたなかで『太平記』には、護良《もりよし》親王に従う信濃の武士が登場する。村上義光《むらかみよしてる》・義隆《よしたか》父子である。元弘二年（一三三二）に後醍醐が隠岐島に流されたあと、幕府の探索を逃れた護良は十津川《とつかわ》（奈良県十津川村）から高野山《こうやさん》に逃れるが、途中芋瀬庄司《いもせのしょうじ》に奪われた御旗を義光が奪還したという。またその後、護良がよった吉野城での攻防戦では、幕府の大軍に囲まれながらも善戦した。しかし奇襲にあって城内は混乱、ついに落城を覚悟したとき、義光が護良の身代わりとなって脱出を助けたとされる。義光は討ち死にし、義隆は父から親王の将来を見届けるようにいわれるものの、逃走の時間を稼ぐために奮戦して討たれたという。

信濃国の村上氏の出自についてははっきりしない部分があるが、嘉保元年（一〇九四）に白河《しらかわ》上皇呪詛《じゅそ》の罪によって更科郡《さらしなぐん》村上御厨《みくりや》（坂城町《さかきまち》）に配流された、源盛清《みなもとのもりきよ》の子為《ため》国《くに》がはじめて村上氏を名乗ったとされる。その後、信濃国内に一族を展開し、鎌倉幕府では為国の子息たちが御家人の地位を獲得したらしい。しかし幕府滅亡に際して、多くが没落した。

そうしたなかで惣領《そうりょう》として登場してくるのが、安信《やすのぶ》の系統であった。安信は、寿永二年（一一八三）に木曽義仲《きそよしなか》が後白河《ごしらかわ》法皇の院御所を襲撃した、法住寺《ほうじゅうじ》合戦で討ち死にした為国の三男である。この一族の鎌倉期における活動は不明な部分が多いが、基盤を京都に置いていたために護良との関係を構築し、倒幕実現後は信濃国内の村上氏領を継承したと思われる。つまりこの義光父子の奮戦が、のちの信濃国の情勢に大きく作用することになったのである。

後醍醐が捕らえられたのちも、楠木正成は粘り強く抵抗運動を継続していた。そして後醍醐が流罪に処され、護良がよった吉野城が陥落して、倒幕が実現する可能性が失われたかにみえた段階で、赤松則村《あかまつのりむら》（円心《えんしん》）が倒幕の兵をあげる。

赤松氏の挙兵

赤松氏は、播磨国佐用荘《さよのしょう》赤松村（兵庫県上郡町《かみごおりちょう》）を拠点とした一族であったと考えられているものの、その素性についてははっきりしないところが多い。しかし、倒幕運動に初期から参加して、楠木正成同様に後醍醐の軍事力を支えた功績によって、倒幕後には播磨国守護に任じられている。

元弘三年（一三三三）三月に挙兵した円心は、摩耶山《まやさん》（兵庫県神戸市）に入るが、幕府軍の反撃にあって窮地に陥った。その窮地を救ったのが、飽間光泰《あきまみつやす》たちであった。赤松氏の出自がはっきりしないため、その系図もにわかには信用できないが、飽間氏は、いくつかの赤松氏関係系図に一族として組み入れられている。飽間氏が赤松一族であったかどうかの真偽はともかく、両氏の関係が親密であったことは間違いないだろう。

矢野荘の悪党飽間氏

飽間氏の本拠は上野国碓氷郡《うすいぐん》飽間郷（群馬県安中《あんなか》市）で、鎌倉時代初期からその存在をうかがわせている。その後、安達氏《あだちし》が上野国に強い影響力をもつようになると、その中心的な家臣となったようだが、弘安八年（一二八五）の霜月騒動《しもつきそうどう》で安達氏が失脚した際に運命を共にしたらしい。しかし安達氏失脚後も、国内に何らかの拠点は維持していた模様で、新田義貞《にったよしさだ》が倒幕の軍勢をあげると、これに従って奮戦したことが、東京都東村山《ひがしむらやま》市の徳蔵寺《とくぞうじ》板碑保存館に所蔵される板碑から知ることができる。飽間氏が、播磨国に拠点をもつようになった契機についての史料は残されていないが、承久の乱を想定するのが自然であろう。

播磨国を拠点とした飽間一族の行動が最初に確認できるのは、寺田氏《てらだし》との悪党行動をめぐる史料においてである。それらの史料からは、寺田氏と飽間氏の密接な関係がみえてくる。飽間氏が地頭職《じとうしき》を有していた坂越荘《さこしのしょう》（兵庫県赤穂《あこう》市）には、寺田氏も一部に地頭職をもっていた。また両氏の間には姻戚関係があったようで、そのため養子に迎えられた飽間氏は、寺田氏の矢野荘《やののしょう》（兵庫県相生《あいおい》市）内の所職《しょしき》を譲与されることになったのであった。さらに飽間氏は海上交通に関係していた一族であったとも推測され、そうした性格が矢野荘内における寺田氏との悪党行動の背景に存在したと考えられる。

寺田氏から矢野荘の所職を譲り受けた飽間氏は、荘内での悪党行動を継続したが、寺田氏のように荘民と全面的に衝突したという史料は残されていない。ここに、荘園領主東寺《とうじ》や荘民と激しく衝突した寺田氏との明確な違いがある。寺田氏は、矢野荘の開発領主であると称して公文職《くもんしき》（年貢の徴収や文書をとり扱った荘官）に任じられていたことからも明らかなように、地域社会に根を下ろした存在であった。一方の飽間氏は、矢野荘における由緒は寺田氏からの譲状のみで、地域社会との関係が緊密であったとはいえない。そのため、飽間氏が自らの立場を保証する存在として選びとったのが、播磨国の有力者赤松氏であった。

赤松氏との連携

赤松氏も、飽間氏の存在に期待して彼らを取り込んだものと考えられる。飽間氏の行動を監督するように、たびたび幕府から命じられた赤松氏は、実効性のある対応をとることはなかった。それは『太平記』が描く、赤松円心と飽間光泰との関係から推測すれば当然のことであった。この光泰こそ、寺田氏から所職を譲り受けたその人であった。悪党飽間氏は、武士的な側面を強めて赤松氏の家臣として生き延びる道を選んだのであり、室町幕府成立後は武家方に属して活動することになる。

建武政権と信濃国

建武政権の成立

護良親王や楠木正成が抵抗を続けるなかで、各地でも倒幕運動が展開されるようになっていく。そうした状況下、後醍醐天皇は元弘三年（一三三三）閏二月に隠岐島を脱出、名和《なわ》長年《ながとし》に迎えられて伯耆国船上山《せんじょうさん》（鳥取県琴浦町《ことうらちょう》）に入った。これに対して幕府は足利尊氏《あしかがたかうじ》らに追討を命じるが、尊氏は上洛の途中で天皇方に加わることを表明する。

尊氏が後醍醐方についたことで情勢は一転、倒幕勢は五月七日に六波羅を攻め落とした。同日関東では、上野国で新田義貞が倒幕の軍勢をあげ、鎌倉を目指して軍を進めた。『太平記』は、信濃国の源氏《げんじ》一族のなかにも義貞勢に加勢した人びとがいたと記しており、具体的には市村氏《いちむらし》や布施氏《ふせし》の参陣を伝える史料が残されている。また市河氏《いちかわし》は、経助《つねすけ》が六月七日に義貞への着到状を提出し、同月二十九日には尊氏方に十八日の参陣を報告している。鎌倉は五月二十一日に義貞勢が中心となって攻略したが、それより早く尊氏は六波羅を鎮圧しており、市河氏のような動きを示した一族は多かったと思われる。

一方で尊氏の転身後、伊豆山にいた尊氏の嫡男の竹若《たけわか》がひそかに上洛しようとしたところを、諏訪真性《すわしんしょう》らが討ち取ったという。得宗被官《とくそうひかん》であった諏訪氏のように、鎌倉に滞在して幕府と運命を共にしなければならない信濃国の御家人たちも多かったであろう。なお真性はその後、北条高時《たかとき》が鎌倉の東勝寺《とうしょうじ》で自害した際に殉じているが、真性の兄弟盛高《もりたか》は高時の子時行《ときゆき》を保護して信濃国に戻った。

配流先の隠岐島から船上山に遷っていた後醍醐は、形勢が逆転すると名和長年らに守られて上洛、途中赤松円心・則祐《そくゆう》父子や楠木正成らと合流して、六月五日に京都に帰還した。後醍醐が笠置に入った段階で即位していた光厳《こうごん》天皇は、伯耆国から発せられた五月二十五日の詔書によってすでに退位していた。また光厳即位後認定された官位については、それよりはやく十七日に無効が通知されている。

京都に戻った後醍醐は、東寺からの還御という体裁で内裏に入る。そして元号を「正慶」から倒幕計画発覚以前の「元弘」に戻し、光厳の在位そのものを否定して、後醍醐の皇位の継続性をアピールした。天皇として倒幕を成し遂げたことを強調することで、その後の天皇親政が妥当であることを明確にしようとしたものと考えられる。

伴野荘の混乱

天皇親政を実践するうえでもっとも重視されるべきは天皇の命令であり、それを伝える文書は綸旨《りんじ》であった。とくに倒幕の原動力となった武士たちにもっとも関心が高い、所領や恩賞に関して発せられる綸旨がもつ意味は大きかった。後醍醐もその意味を十分承知しており、帰京一〇日後の元弘三年（一三三三）六月十五日には、すべての所領の正当性を綸旨によって保証することを宣言した。この方針に基づいて信濃国では同日、伴野荘《とものしょう》（佐久《さく》市）地頭職が綸旨によって大徳寺《だいとくじ》（京都市）に寄進されているが、これに先立つ七日の綸旨で、同荘を大徳寺領として安堵したことの追認という意味があったと考えられる。

しかし、こうした方針は武士たちの慣習とは異なり、また地域社会の実態を反映しない場合も多かった。実際に伴野荘内でも、各地で違乱を働く人物が発生しており、建武元年（一三三四）五月にはそうした人物たちが大徳寺に報告される一方、伴野氏による抵抗運動も本格化する。また、天皇のみが発給可能であった綸旨は、天皇の権威を表現するうえでは有効だが、事務的な処理能力という点では限界があった。そのために引き起こされる混乱も発生し、大徳寺に安堵されたはずの伴野荘では、荘内の臼田原郷《うすだはらのごう》が誤って玉井為《たまいため》直《なお》らに宛行われ、改めて為直たちに替地が与えられるという事態を引き起こしている。こうした事態は地域社会を混乱させるだけでなく、綸旨の権威も失墜させることになった。

新政権の限界

しかし、元弘三年（一三三三）六月十五日直後の段階では、所領にかかわる綸旨による決定は絶対であったから、綸旨を求めて「諸国の人びとが遠近を問わず京都にやってくるため、農業の妨げとなってかえって憮民の行ないに反する」という状態に陥った。こうした状況に対応しきれなくなった新政権は、七月二十五日には幕府方に味方した者以外の所領について、現在の知行者の正当性を認めること（当知行地安堵）にしたのである。信濃国内でも八月三日には市河助房《すけふさ》が、この決定に準じて国《こく》司《し》から当知行地の安堵を認められている。

その後も、所領にかかわる申請や訴訟は大量にもち込まれ、それらを迅速に処理するために雑訴決断所《ざつそけつだんしょ》が設置され、さらに建武元年（一三三四）八月にはその体制を拡充せざるを得なかった。このとき八番制とされた雑訴決断所の三番は、信濃国を含めた東山道《とうさんどう》諸国の担当とされ、そこに編成された人物のなかに諏訪円忠《えんちゅう》の名がみえている。

円忠は北条氏の家臣として鎌倉にあったが、京都に上って京都諏訪氏の祖となった人物とされる。信濃国における諏訪氏の特別な地位は、諏訪信仰を通じて周知されていることであったから、そうした立場に期待して抜擢されたのであろう。新政権は建武元年六月、鎌倉時代末期に北条氏に接収された本領地を返付することで、円忠の取り込みを図ったものと思われる。しかし、円忠の地頭職が認定された更科郡《さらしなぐん》四宮荘《しのみやのしょう》北条《きたじょう》（長野市）には、北条氏の旧臣四宮氏などが存在し、円忠の復権に抵抗したらしい。新政権の処置は伴野荘同様、四宮荘でも混乱をもたらすことになったのである。

信濃国の国司と守護

信濃国内に限っても、建武政権の地方行政が迷走したことは明らかだが、後醍醐は国司制度の刷新も目指していた。本来は、中央政権から任命された国司が、地方行政の責任者としてその任務にあたる制度であったが、すでに形骸化して経済的な側面が重視される制度となっていた。具体的には、国司を一族で世襲して私財化したり、知行国制によって実利だけを求めるような事態が慢性化していた。こうした、実態を失った国司制度を、中央集権的な地方行政機関として再生するため、従来の慣習にとらわれないあらたな国司が各国に任命されたのである。国司は国内の所領や財産にかかわる処分を担当したとみられ、一方で犯罪者の摘発やその所領の没収などは守護が担当した。

建武政権下で信濃国の国司に任命されたのは、清原真人《きよはらのまひと》という人物であった。彼については、官位では従七位上相当とされる大学寮《だいがくりょう》の職員「書博士《しょはかせ》」の肩書をもつ下級貴族であったこと以外には情報がなく、その実像を知ることはできない。しかし国司に就任すると、望月重直《もちづきしげなお》の娘や市河助房に所領や所職を安堵しており、職務を遂行した記録が残されている。ただし、一定の武力が期待される犯罪や紛争の現場では、守護の働きが期待された。建武元年（一三三四）六月、雑訴決断所は城興寺《じょうこうじ》（京都市）領であった埴科郡倉科荘《はにしなぐんくらしなのしょう》（千曲市《ちくま》）における相論解決の際、当事者の招集を守護所に求めている。地方行政の責任者としての国司と、警察権を代表する守護という立場の違いを示す事例といえるだろう。

ちなみに、建武二年二月ころには、建武政権は信濃国の守護に小笠原貞宗《おがさわらさだむね》を任じていた。貞宗は同年三月、水内郡常岩《みのちぐんときわ》（飯山市《いいやま》）などで発生した反乱鎮圧に参加したと思われる市河氏に対して、五月に着到の証判を与えている。このとき貞宗とともに証判を与えた吉良《きら》時衡《ときひら》の立場は、守護代であったとされる。ただし、彼が足利一門のなかでも、今川氏《いまがわし》とともに名門とされる吉良氏庶流の人物であったことを踏まえて、時衡も守護職を有していた可能性も指摘されている。

どのような理由によってこうした体制がとられたのか、詳しい経緯はわからない。しかし、両者の活動が確認できる建武二年春ごろには、のちの中先代《なかせんだい》の乱につながる北条氏の関係者による紛争が国内で起こり始めており、こうした混乱状況に対応することが目的であったかもしれない。

中先代の乱と諏訪氏

新政権への不満

鎌倉幕府を倒して成立した建武政権は、後醍醐天皇が理想とする天皇親政を実現するための組織を設置し、天皇の命令（綸旨）に絶対的な正当性をもたせた政治を実践しようとしたが、現実的な課題に直面するなかで次第に変化せざるを得なかった。そもそも倒幕を望んだすべての人びとが、新体制として天皇親政を求めていたわけではなかったことはいうまでもない。

先に紹介した、綸旨によって大徳寺に信濃国伴野荘（佐久市）の地頭職を与えたことで発生した事態が象徴するように、新政権の視線は公家《くげ》や寺社勢力に向けられていた。地域社会の状況を積極的に考慮しようとしたとは思えない新政権の姿勢に、おもに武士たちの不満は蓄積されていく。

新政権への不満は、貴族社会にも存在した。鎌倉幕府成立当初から朝幕間の連絡係は必要とされ、それが関東申次《かんとうもうしつぎ》として制度化されると、西園寺家《さいおんじけ》の嫡流に相伝される職となっていく。天皇家の専権事項であった皇位継承に関しても幕府の意向が働くようになっていくなかで、関東申次の立場を世襲した西園寺家の朝廷内における存在感は高まっていった。しかし、その地位は倒幕によって消失し、同時にその職にあることで重要性をもった西園寺家の立場も著しく失墜、最後に関東申次職にあった公宗《きんむね》は権大納言《ごんだいなごん》の職を辞さざるを得なかった。その後、公宗は次第に地位を回復されていったが、西園寺家の完全な復権には幕府の再興が不可欠であると考え、鎌倉陥落後東北に逃れていた、北条高時の弟泰家《やすいえ》を招き寄せて匿ったとされる。

『太平記』によれば、西園寺公宗は建武元年（一三三四）十月に、新政権の重臣万里小路《までのこう》藤房《じふじふさ》が突如遁世《とんせい》したことを好機として、政権転覆の計画を練ったとされている。その計画では、北条泰家を京都の大将、東国の大将には諏訪盛高とともに信濃国に逃れた泰家の甥時行《ときゆき》を、そして鎌倉陥落後潜伏していた名越時兼《なごえときかね》を北陸の大将に定めたという。しかし、この計画は公宗の異母弟公重《きんしげ》の通報によって露見する。

公宗の母は、当時の宮廷歌壇をリードした権大納言二条為世《にじょうためよ》の娘、一方、公重の母は家女房であって、家格を重んじる公家社会のなかでは大きな格差が存在した。こうした格差への不満が、公重の行動の背景にはあっただろう。計画に関与したとして捕らえられた者のなかには、持明院統の忠臣として知られる日野資名《ひのすけな》とその子氏光《うじみつ》などもいた。この計画が成功して新政権を転覆させた際には、持明院統系皇位の復活も目論まれていたと考えてよいだろう。

北条時行の挙兵

西園寺公宗を中心とした計画が露見し、その協力者たちが処罰されるなかで、北条泰家は京都を脱出する。その潜伏先については明らかではないが、新政権成立直後から各地で対抗勢力の蜂起は続いており、泰家を匿う人びとは多かったと思われる。計画が露見する以前にも、北は津軽から南は日向までの広域な各地で反抗運動が勃発しているが、その多くは北条氏が守護職もしくは所領を持っていた地域であり、北条一族やその家臣が中心となっていたことが指摘されている。

信濃国も鎌倉時代初期から北条氏が守護職を世襲した国であり、なにより諏訪氏が時行を匿っていたということもあって、建武二年（一三三五）二月には新政権への反抗運動が起きていたらしい。二月五日に、「朝敵人」を討つため一族を率いて参陣するように求める綸旨を受けた市河氏は、同月二十九日に埴科郡船山《ふなやま》（千曲市）の守護所で着到をつけると、三月八日には水内郡北条城《きたじょうじょう》（飯山市）の常岩宗家と戦って城郭を破却し、同月十六日には府中《ふちゅう》（松本《まつもと》市）に転戦したという。こうした全国的な情勢によって公宗たちは、反抗勢力を北条氏のもとに連携・組織化すれば新政権転覆も可能と判断したのであろう。

実際に、旧北条氏勢力の連携・組織化は一定程度進行していた。計画が露見して泰家が京都を脱出すると、ただちに北条時行が潜伏していた信濃国で行動が起こる。建武二年七月付の市河助房らの着到状によれば、北条氏との関係が深かった諏訪氏や滋野氏《しげのし》の一族が新政権への謀反を企て、これに保科氏《ほしなし》や四宮氏が加わった軍勢と、新政権に補任《ぶにん》された守護小笠原氏に加勢した市河氏や村上氏とが戦ったことがわかる。なお、時行方として行動を起こした保科氏は、高井郡《たかいぐん》保科（長野市）を本拠とする井上《いのうえ》一族であった。同氏は建保元年（一二一三）に、北条義時《よしとき》を倒して源頼家《よりいえ》の遺児を擁立しようとして失敗した、泉《いずみ》親衡《ちかひら》の乱に荷担していたことが知られる。また、四宮氏は更科郡四宮荘（千曲市）をめぐって、新政権に登用された諏訪円忠と対立した一族であった。

諏訪氏の分裂

北条氏と諏訪氏の関係は承久の乱以降進展していたが、その背景には北条氏が諏訪氏を取り込もうとする意図もあっただろう。諏訪盛重《もりしげ》は嘉禎二年（一二三六）、北条泰時《やすとき》が鎌倉に新造した屋敷の敷地内に居所を構え、その後は朝幕間の調整役を務めたほか、鎌倉で発生したさまざまな騒動の処理にあたっている。

こうした盛重の活躍をきっかけに、諏訪氏は御内人《みうちびと》として北条氏を支える有力な一族となっていくが、一方で朝廷と幕府の関係を調整するうえで、京都に拠点を置く一族も生まれていく。その一族のひとりが円忠であり、鎌倉幕府崩壊後は、信濃国を拠点とする諏訪氏とは袂を分かち、建武政権を支え、その後は室町幕府の奉行人として重用された。南北朝内乱下で一族が相反する行動をとらざるを得なくなることは珍しいことではなかったが、諏訪氏の場合は得宗被官としての立場は同じであったものの、鎌倉と京都という拠点の違いが、その後の行動を決定づけることになった。

滋野一族

また諏訪氏とともに建武政権への謀反を企てたとされた滋野氏は、『古代氏族人名辞典』（吉川弘文館、一九九〇年）によれば、はじめに楢原造《ならはらのみやつこ》、その後勤臣《いそしのおみ》（伊蘇志臣）、次に滋野宿禰《しげののすくね》と改めたのち、弘仁十四年（八二三）に朝臣《あそん》姓を賜った官人であったとされる。そして九世紀後半に信濃介や信濃守に任じられる者があらわれたことから、信濃国と関連をもつようになったらしい。

信濃国には多くの牧が所在し、寛弘六年（一〇〇九）には貢馬《こうば》の進上があったことが知られ、この貢馬の処置を命じられた「善言朝臣」という人物が滋野氏と推定されている。信濃国に下向した滋野氏が牧と強いつながりをもつようになり、牧の管理者であった望月氏や禰津《ねづし》氏などとの姻戚関係が形成されたと考えられている。

ちなみに源頼朝《よりとも》との関係を修復するため、木曽義仲が頼朝のもとに嫡子を送った際に同行させた有力武将のなかに、海野《うんの》・望月の滋野一族と諏訪氏がみえている。滋野氏も多くの信濃武士たちと同様、鎌倉幕府草創期には冷遇されたものと思われ、そうした立場の裏返しとして、北条氏との関係を密接なものとしていったと考えてよいだろう。

尊氏の下向

さて、金勝院《こんしょういん》本『太平記』は「諏訪頼重《よりしげ》が北条時行を取り立て、国司博士左近少将入道を自害させて、建武二年（一三三五）七月十八日に上野国に入った」と伝えている。「国司博士左近少将入道」は、新政権から国司に任じられた書博士清原真人のことであろう。上野国に入った信濃国の武士たちを中心とした時行勢は、武蔵国を転戦しながら鎌倉を目指した。これに対して足利直義《ただよし》も鎌倉を出発、武蔵国井出《いでの》沢《さわ》（東京都町田《まちだ》市）で時行勢を迎え討ったが、敗れて東海道を西走し、鎌倉にあった成良《なりよし》親王も直義のあとを追った。

東海道を敗走した直義は、足利氏の所領が多かった三河国に駐留して反撃の機会をうかがった。また、京都にあった足利尊氏も時行追討のために鎌倉へ向かうことを望んだが、尊氏は下向に際して総追捕使《そうついぶし》と征夷大将軍への任命を要求したという。この二つの職は、鎌倉幕府草創期に源頼朝が獲得したものであり、武家政権を樹立するうえで重要な意味をもつものであった。両職を尊氏に与えることは、尊氏主導のあらたな武家政権誕生を容認することになり、後醍醐には容易に許容できる要求ではなかった。

そこで後醍醐は、八月一日に成良を征夷大将軍職に任じ、時行たちの討伐はあくまでも成良を中心に遂行するという姿勢を示した。しかし、征夷大将軍職を得られなかった尊氏は、その翌日に京都を出発してしまう。同日に三河国で直義と合流した成良は、そのまま京都に送還されている。前日に示した姿勢をまったく否定されることになった後醍醐は、尊氏を征東将軍に任じることで、その行動を追認せざるを得なかった。

反政権軍の鎮圧

時行が鎌倉に入ったころ、西園寺公宗たちの計画で北陸方面の大将と定められていたという名越時兼も挙兵し、東北方面でも時行たちの行動に呼応する人びとがあらわれていた。

しかし一方で信濃国では、建武二年（一三三五）八月一日には、守護小笠原貞宗が時行方の佐久郡望月城（佐久市）を攻略している。そして同月二日に京都を出発した尊氏は、七日に三河国で直義と合流、九日には遠江国橋本《はしもと》（静岡県湖西市《こさい》）で直義を追ってきた時行勢と合戦となった。時行勢はこの合戦で敗退すると、その後は尊氏勢の攻勢を食い止めることはできなかった。十四日の駿河国府《こくふ》（静岡市）における敗戦では、侍大将であった諏訪次郎が生け捕られている。ちなみに金勝院本『太平記』は、この合戦で「諏訪小二郎金差頼秀」が奮闘戦死していることを伝えているが、金差（金刺《かなさし》）氏は諏訪下社《しもしゃ》の神主家であった。

そして、十七日には箱根《はこね》（神奈川県箱根町）、十八日には相模川《さがみがわ》を越えられると、十九日には尊氏たちに鎌倉を奪還された。この間、時行勢も奮戦したものの、二万騎余の軍勢は三〇〇騎余になり、諏訪頼重・時継《ときつぐ》父子をはじめとする有力者は、ついに鎌倉の勝長寿《しょうちょうじゅ》院《いん》で自害したとされる。なお「神氏《じんし》系図」は、時継七歳の子息頼継《よりつぐ》が諏訪郡原山《はらやま》（原村《はらむら》）に籠居したと伝えている。この北条時行蜂起による一連の混乱は、時行勢の鎌倉占拠が二〇日程度だったことから「二十日先代の乱」、またはこの直前鎌倉を実質的に統治していた武家の北条氏を先代、その後の足利氏を後代、時行をその中間とみて「中先代の乱」と呼ばれている。

乱後の信濃国

建武政権による再統治

中先代の乱を鎮圧した最大の功労者は足利尊氏であったが、建武政権としても騒乱勃発の地である信濃国において、状況に対応する行動を起こしていた。まず中先代の乱発生直後に討ち取られた国司に代わって、建武二年（一三三五）八月三十日に前参議正三位の堀川光継《ほりかわみつつぐ》が国司に任じられ、九月三十日に下向した。公家の堀川家といえば、村上源氏の通具《みちとも》を祖とする家が有名であるが、光継は藤原を本姓とする一族だった。『公卿補任《くぎょうぶにん》』や『尊卑分脈』によれば、光継の曽祖父は葉室光《はむろみつ》俊《とし》であった。光俊は藤原定家《ふじわらのさだいえ》に師事した歌人で、その父光親《みつちか》は後鳥羽《ごとば》上皇の側近として承久の乱後処刑され、彼自身も筑紫国に配流されたのちに復帰している。

光継は建武元年八月に八番制となった雑訴決断所で、西海道《さいかいどう》を担当する八番に結番しており、建武政権を支える人物の一人だった。その後、信濃守に任じられ、同三年五月二十五日に信濃守のまま権中納言従二位となるが、年末に後醍醐天皇が吉野《よしの》に逃れると解官《げかん》されている。以後、南朝に従って行動したことが『太平記』などにもみえ、暦応元年（一三三八）二月に南都での合戦で没したという。

暦応元年二月といえば、前年に後醍醐の求めに応じて奥州から上洛を始めた北畠顕家《きたばたけあきいえ》が、伊勢国から南都に入ったのが二十一日であった。その後、二十八日の合戦で敗れた顕家は吉野に向かっており、光継がどの段階の合戦で死亡したのかははっきりしないが、顕家軍に属していたと考えてよいだろう。

一方、守護職にあった小笠原貞宗も、八月一日には時行方の望月城（佐久市）を攻略するなど具体的な事案に対応し、建武二年九月には信濃惣大将に村上信貞《のぶさだ》が任じられている。信貞は、護良親王の身代わりとして吉野城の戦いで戦死した村上義光の弟である。信濃惣大将設置の経緯は不明だが、兄義光の忠節に報いるための処置であったと考えられる。時行に占拠された鎌倉を陥落させたのちも、信濃国内で反政権の動きがくすぶっており、これに対処しようとする意図がうかがえる。建武政権は、乱後の信濃国の情勢に対して積極的にかかわろうとしていたと思われるが、村上氏の信濃惣大将任命によって、国内に軍事的な指揮権をもつ人物が複数存在することになった。

くすぶる反政権運動

さて、乱の中心的な存在であった時行は、鎌倉での合戦から抜け出して落ち延びたが、時行の挙兵に応じて北陸で行動を起こした名越時兼は、京都を目指す途中、加賀国大聖寺《だいしょうじ》（石川県加賀市）で討ち死にしたという。また、東北における反建武政権運動の拠点であった陸奥国長倉城《ながくらじょう》（福島県伊達《だて》市）も、北畠顕家の命を受けた伊達行朝《ゆきとも》らによって、建武二年（一三三五）八月十三日には攻め落とされている。

しかし、最初に兵が起こった信濃国内における反建武政権への動きは、鎌倉陥落によってすぐに終息へ向かうという状況にはなかった。宛先は不明だが、鎌倉陥落直後の八月二十日には軍勢を催促する綸旨が発給され、村山隆義《むらやまたかよし》にも同月二十六日、信濃国の「凶徒蜂起」に対して、一族を率いて軍忠を遂げることを求める綸旨が発せられている。

越後国から出陣した村山氏

村山氏は高井郡村山郷（須坂市・長野市）を名字の地とする井上氏の一族であり、治承・寿永の内乱では木曽義仲方として村山義直《よしなお》が戦っている。村山郷は、北陸道から千曲川を越えて善光寺《ぜんこうじ》に参詣する人びとの渡河点という交通の要衝で、村山氏はその地の利を生かして成長したとされる。その後、時期は不明ながら越後国に所領を得て拠点を移したらしい。隆義も前年の建武元年八月に、父義信《よしのぶ》が北条高時との合戦にたびたび参戦して戦死したことに対する恩賞として、越後国頸城郡《くびきぐん》薗田保《そのだのほ》の地頭職を与えられている。つまり給与された所領がある越後国から、一族の本拠地信濃国内の騒乱鎮圧のために出陣を要請されたのである。同年十二月十七日には、「信州動乱」鎮圧のため子息の孫二郎・左衛門蔵人両人とともに出陣するにあたって、薗田保を含む所領の処分方法を書き残している。

ところで八月の段階で隆義が、具体的に信濃国内のどの地域の鎮圧を求められたのかは不明だが、時行方の鎌倉占拠とは無関係に、国内の反建武政権勢力は抵抗運動を継続していたのであろう。九月に入ると「安曇《あずみ》・筑摩《ちくま》・諏方・有坂《ありさか》」に所在した反建武政権方の城郭が攻略されている。それぞれの城郭によった反建武政権勢力は、仁科氏《にしなし》・深志介知光・諏訪氏・有坂氏であったと考えられている。

仁科氏の立場

仁科氏の存在が最初に確認できるのは、治承三年（一一七九）年の年記をもつ大町《おおまち》市八坂《やさか》の覚音寺《かくおんじ》本尊「木像千手観音《せんじゆかんのん》立像造像銘」とされる。その出自については諸説あって確定されていないが、覚音寺周辺が伊勢内宮《ないくう》の仁科御厨

（大町市）に含まれていることから、この周辺を拠点とした一族とみられている。治承《じしょう》・寿永《じゅえい》の内乱では、多くの信濃武士と同じく、木曽義仲に従って各地で戦功をあげ、水島《みずしま》の戦いで戦死した仁科盛家《もりいえ》の姿が『平家物語《へいけものがたり》』に描かれている。その後、建久八年（一一九七）、源頼朝が善光寺に参詣した際の供奉人《ぐぶにん》のなかに、仁科太郎の名がみえており、御家人としての立場を獲得したようである。

しかし承久の乱では、後鳥羽《ごとば》上皇との関係を深めていた仁科盛遠《もりとお》父子が、上皇方として戦ったと伝えられている。ただし、暦仁元年（一二三八）二月の、将軍九条頼経《くじょうよりつね》上洛の随兵中に仁科次郎三郎の名がみえることを考えると、盛遠の一族は京都に拠点を移したものの、鎌倉御家人の立場を維持した一族も残っていたのであろう。その結果、京都を拠点とした一族から、鎌倉幕府滅亡後は建武政権に属して武者所《むしゃどころ》二番に結番した仁科左近大夫盛宗《もりむね》があらわれるものと思われるが、仁科氏の正確な系図は残されていないため、出自に関する詳細についてはわからない。おそらく、本拠地である信濃国に基盤を維持した仁科一族が、北条氏と信濃国との関係から中先代の乱では時行方に与《くみ》したのであろう。

深志介知光

筑摩郡で抵抗したと推測される深志介知光は、翌年の建武三年（一三三六）二月には惣大将村上信貞と筑摩郡麻績《おみ》十日市場（麻績村）で戦った北条泰家に加勢している。筑摩郡には国府が所在しており、現在の松本市周辺であったとされている。その松本市の中心には深志の地名が残り、知光が「介」を称したことから当地周辺を拠点とする在庁官人であったとも推測され、松本市域北部に拠点をもったという犬《いぬ》甘《かい》氏《し》との推測もある。なお、京都で蜂起計画が露見したあと、泰家は時行を頼って信濃国に入ったらしい。

有坂氏の活動

また、有坂氏が抵抗の中心となったと思われる「有坂」とは、その本拠地であった小県郡《ちいさがたぐん》有坂郷（長和町《ながわまち》）のことを指している。鎌倉時代以降の信濃武士有坂氏に関する動向で判明することは多くないが、『蒙古襲来絵詞《もうこしゅうらいえことば》』の詞書に「信濃国の御家人ありさかのいや二郎よしなか」という人物が、弘安の役《こうあん》（一二八一年）における竹崎季長《たけさきすえなが》軍忠の証人となっている。弘安八年（一二八五）の霜月騒動では、信濃武士と思われる人びととともに伴野氏らとともに、「有坂三郎」が安達泰盛《やすもり》方として自害している。鎌倉期の信濃国と北条氏との関係を勘案すれば、信濃在国の有坂氏は北条氏と深くかかわったと思われるが、鎌倉在住の一族のなかには次第に北条氏以外との関係を強めていく人びとも存在したであろう。

ただし、信濃有坂氏の出自については諸説あり、史料にあらわれる人物すべてが同族であったかどうかは不明である。たとえば『蒙古襲来絵詞』にあらわれる「よしなか」は、伊那郡《いなぐん》の小井弖《こいで》（小出）氏を出自とする「有坂弥二郎能仲」であるという。この小井弖氏は、『曽我物語《そがものがたり》』で有名な曽我兄弟の親の仇であった工藤祐経《くどうすけつね》の一族ともされるが、諏訪一族を出自とするとも考えられている。建武政権によって大徳寺に寄進された、佐久郡伴野荘（佐久市）内の諏訪社神田にかかわって登場する「有坂左衛門五郎」などの存在は、有坂氏と諏訪氏との関係を推測させる。

工藤氏と有坂氏

また「工藤二階堂系図」によれば、工藤祐経の孫祐朝《すけとも》が「有坂」を称したという。同系図は、同じく孫の祐氏《すけうじ》が「坂本（木）北条八郎」、祐広《すけひろ》が「坂本（木）南条十郎」を称したとも伝えている。坂木北条（坂城町）・同南条（同町）は埴科郡内の地名である。祐経はいわゆる曽我兄弟の敵役としてのイメージが強いが、芸能に秀でた人物として公家社会にも認められ、幕府内では頼朝にも重用されて、祐経の子孫は北条得宗家の被官人として活躍している。工藤氏系有坂氏は、信濃武士として北条氏と結びついたというよりも、北条被官人として信濃国に拠点をもつようになったと考えた方がよいかもしれない。

なお、建武二年（一三三五）九月二十二日には、埴科郡坂木北条の城郭に立て籠もった

図18　「工藤二階堂系図」抜粋（『続群書類従』第六輯下）

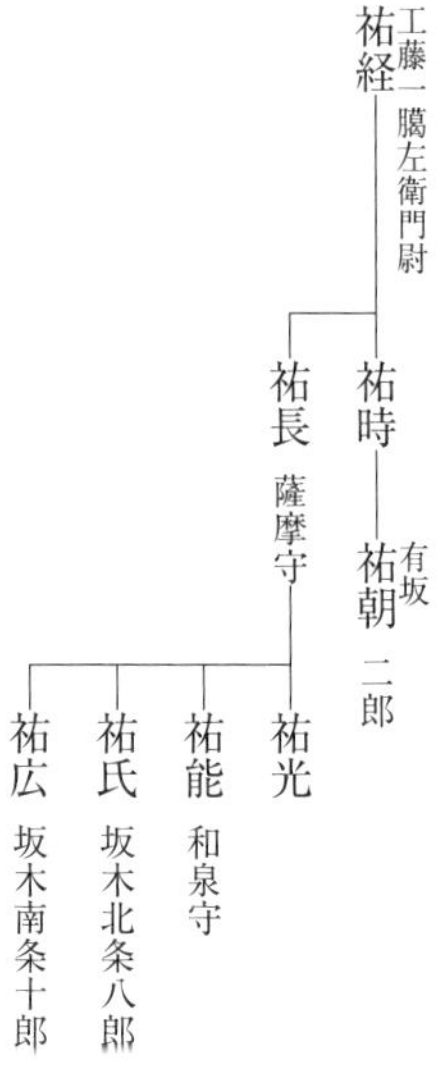

薩摩刑部左衛門入道たちが、信濃惣大将に任じられた村上信貞の軍勢に攻め落されている。坂木北条といえば先の系図から、工藤祐経の孫祐氏が関係していたことが推測され、また薩摩氏は祐経の子祐《すけ》長《なが》が薩摩守に任じられたことをきっかけに名乗り始めたとされる。祐長は『吾妻《あずま》鏡《かがみ》』に「薩摩前司」とみえ、その子祐能《すけよし》も「薩摩七郎」「薩摩七郎左衛門尉」などとみえている。そのほかにも先の系図中で、祐朝・祐氏・祐広が「薩摩」を称しており、『吾妻鏡』では、「祐」を通字とした祐重《すけしげ》・祐教《すけのり》・祐家《すけいえ》たちが「薩摩」を称している。薩摩刑部左衛門入道も、同族であったと考えてよいだろう。

なお薩摩刑部左衛門入道は、建武政権下で陸奥国府（宮城県仙台市）の「侍所《さむらいどころ》」に任命されていたらしいが、実際には子息の五郎左衛門尉親宗《ちかむね》が、現地に下向して勤仕したとされている。子息を建武政権に出仕させて当人は本拠地に残り、中先代の乱後の混乱のなかで、旧得宗被官人の一族として行動を起こしたのであろう。

尊氏の動向

中先代の乱の挙兵地点となった信濃国のうち、北条氏との関係が深かった地域では断続的な抵抗が続いた。それに対応したのは形式的には建武政権の軍事力であったが、実際には誰が統率していたのかは、「勲功の賞」を宛行った人物から知ることができる。

すなわち足利尊氏は建武二年（一三三五）九月二十七日、小笠原貞宗に対しては安曇郡住吉荘《すみよしのしょう》（安曇野市）などを、三浦高継《みうらたかつぐ》には筑摩郡村井郷（松本市）内の土地などを、それぞれ「勲功の賞」として宛行ったのである。とくに小笠原氏は以後、信濃国に大きな影響力をもつようになるうえで、このとき獲得した住吉荘は、これ以前に所領となっていたとみられる伊那郡伊賀良荘《いがらのしょう》（飯田《いいだ》市）とともに重要であった。貞宗が信濃国の守護であったことを踏まえれば、任命者である後醍醐天皇を飛び越えて恩賞を給与したことは、征東将軍に補されていたとはいえ、天皇親政を旨とする建武政権下では正当なものではなかったといえるだろう。しかし、この行為は尊氏にとって自らの立場を明確にするうえできわめて重要なものであり、その後、後醍醐との関係は決定的に変化していくことになる。

足利尊氏の離反

乱後の処理

建武二年（一三三五）八月十九日、足利尊氏・直義兄弟は北条時行たちから鎌倉を奪還すると、しばらく鎌倉に留まって戦後処理にあたる。信濃国以外の地域でも、反建武政権の動きが完全に終息したわけではなかったからである。たとえば十月には、相模国の北条氏与党を退治するために三浦茂実《みうらしげざね》らが出陣している。

そして中先代の乱における尊氏による軍忠を賞する行為は、鎌倉奪還直後から行なわれていた。八月中には蒲田五郎太郎が陸奥国石川荘《いしかわのしょう》（福島県石川町）内の旧領の知行を認められ、九月二十七日には信濃国内で小笠原貞宗や三浦高継の恩賞が給与されたほか、吉川経頼・合屋頼重なども恩賞に預かっている。

もちろん建武政権も、中先代の乱前後の動向に対応して武士の賞罰を実践していた。たとえば時行たちが信濃国内で挙兵する以前の八月九日には、結城盛広《ゆうきもりひろ》が北条氏の動きに通じているとして所領を没収し、従兄弟の宗広《むねひろ》に与えている。また、尊氏が鎌倉を奪還したのちの同月二十八日には、戦後処理のために武石顕胤《たけいしあきたね》に軍勢を催促している。三十日に小山朝氏が下野国の国務をつかさどることを許されたのは、鎌倉を目指す時行方との武蔵国府中（東京都府中市）における合戦で、父秀朝《ひでとも》が戦死したことに対する報償であろう。九月一日には南部政長《なんぶまさなが》が戦功を賞されたのをはじめとして、結城宗広・同親朝《ちかとも》・留守家任《るすいえとう》・和知重秀《わちしげひで》らが恩賞を受けている。

鎌倉に駐留する尊氏

建武政権とは異なる独自な行動を示す尊氏に対して、後醍醐天皇は建武二年（一三三五）八月三十日の除目《じもく》で、尊氏を従二位に叙して勲功を賞するとともに、勅使を下して帰京を命じた。『梅松論《ばいしょうろん》』によれば、勅使として下向した中院具光《なかのいんともみつ》は「軍忠に対する恩賞については、京都において綸旨によって宛行なうので、早々に帰洛せよ」と伝えたとされる。尊氏が個別に武士たちとの関係を構築していくことに対する、後醍醐の危機感が明確にあらわれている。

尊氏は鎌倉滞在中、武士たちへの恩賞給与以外にも、後醍醐の権益を侵犯するような行動をとっていた。鶴岡八幡宮《つるがおかはちまんぐう》へ武蔵国佐々目郷《さ さ め ごう》（埼玉県戸田市《と だ》周辺）領家職を寄付（建武二年八月二十七日）したことを手始めに、同年九月二十日に近江国少菩提寺《しょうぼだいじ》（滋賀県湖南《こなん》市）、同月二十七日には丹波国篠村八幡宮《しのむらはちまんぐう》（京都府亀岡《かめおか》市）・駿河国浅間《せんげん》神社（静岡県富士宮《ふじのみや》市）・伊豆国三嶋大社《み しまたいしゃ》（静岡県三島市）などに所領を寄付している。こうした行為もまた、天皇親政を志向している後醍醐には、尊氏の建武政権離脱と武家政権再興の意思を感じさせるものであったに違いない。そして十月十五日、それまで鎌倉の居所としていた二階堂別当坊から「若宮小路《わかみやこうじ》の代々将軍家の旧跡に御所を造られ」居所とすると、「諸大名が屋形の軒をならべたので（幕府があった）鎌倉の様子」が再現されたようであった、と『梅松論』は伝えている。ここに後醍醐の危惧は、確信に変ったであろう。

新田義貞との対立

おなじく『梅松論』によれば、後醍醐の命令を受けとった尊氏は帰京しようとしたものの、直義が「鎌倉幕府滅亡後、朝廷や新田義貞の陰謀にたびたび遭遇したが、運よくその難を逃れて来たのだから、このまま鎌倉に滞在すべきだ」と諭したという。また『太平記』は、鎌倉で中先代の乱の論功行賞を行なっていた尊氏は、新田一族の所領を恩賞地として与え、これに怒った義貞が領国内の足利一族の所領を家臣たちに宛行ったことで、二人の対立は深刻化したという。そして両者は後醍醐に対して相手方の討伐を要求、両者の奏状を審議した朝廷では、尊氏たちが護良親王を殺害した件を重くみて、またこの件を証言する人物があらわれたことによって、義貞に理ありと判断することにしたという。

一方、足利直義は建武二年（一三三五）十一月二日付けで、新田義貞誅伐のため一族を率いて馳せ参じるようにもとめた催促状を、那須資宿や諏訪部扶重をはじめとした諸国の武士たちに発給しており、現在七通が残されている。おそらくこのころには、両者の対立は決定的になっていたと思われる。そして同月十八日、尊氏から義貞追討の奏状が届くが、後醍醐は翌日、義貞に尊氏追討の宣旨を与え、尊良親王とともに鎌倉へ向かわせた。この段階で、尊氏の建武政権離脱は決定的なものとなった。

尊氏追討軍の信濃武士

義貞が率いて東海道を下った追討軍には、信濃武士では小笠原貞宗や高梨《たかなし》氏などが加わり、東山道から信濃国に入った一隊には高梨氏のほか仁科氏などが従ったらしい。そして信濃国で国司堀川光継が合流し、さっそく美濃国恵那郡大井《えなぐんおおい》（岐阜県恵那市）の城を攻め落としたという。尊氏は追討軍と戦うことに消極的であったとされるが、新田勢が三河・遠江両国まで進軍してきたとの知らせを受けた直義は、佐々木道誉《ささきどうよ》らの進言を受けて鎌倉を出発した。そして十一月二十五日、三河国の矢作川《やはぎがわ》の両岸に足利勢と新田勢は対峙する。

　矢作川を挟んだ初戦は、無理に渡河せず足利勢を引き寄せた新田勢が勝利し、足利勢は遠江国匂坂《さぎさか》（静岡県磐田《いわた》市）に後退して布陣した。これを仁科氏などの初戦に参加できなかった軍勢が再び攻撃、足利勢は匂坂の戦いでも敗退するが、援軍が到着したことによって安倍川《あべかわ》の西岸手越原《てごしはら》（静岡市）に踏みとどまった。しかし、足利勢は翌月五日の手越原における激戦でも敗退して鎌倉まで敗走し、義貞は伊豆国の国府（静岡県三島市）まで進んだ。義貞はここで多くの投降者を迎え入れ、東山道からの一隊と合流するためにしばらく逗留する。『太平記』は、このときただちに鎌倉に進まなかった義貞の行動を「情けないことだった」と評している。なお、東山道の一隊に属したはずの仁科氏が先の匂坂での合戦に参加していたと伝えられているが、東海道を下向した新田勢にも一族が従っていたのであろう。

足利方の市河氏

　矢作川の戦い前後から、直義は各地の武士に新田義貞討伐のため、足利方への参集を求めていたようで、信濃国では市河親宗《ちかむね》がこれに応じたことを伝える、十一月二十八日付けの着到状が残されている。

　この着到状に証判を加えたのは小笠原貞宗であるが、『太平記』は貞宗が新田勢の一員として東海道を下向したとしている。道中足利方に転じたのであろうか。貞宗は尊氏から、中先代の乱における功績を賞されて所領を与えられており、それが彼の身の処し方に関係しているかもしれない。

尊氏の挙兵

鎌倉に戻った直義は尊氏の出陣を促すが、尊氏はいまだに消極的で建長《けんちょう》寺《じ》で出家しようとしていたという。そこで直義は、足利勢討伐のための綸旨が小笠原一族などにも発給されていると偽って一門の危機を訴え、尊氏に出陣を決意させたとされる。結果的に義貞勢の伊豆国逗留が直義に時間を与え、尊氏を出陣させることになったのである。

鎌倉の足利勢は勢力を回復し新田勢を迎え撃つことになり、建武二年（一三三五）十二月十一日の相模国箱根・竹之下《たけのした》（静岡県小山町《おやまちょう》）での戦いでは足利勢が勝利した。とくに竹之下の戦いでは、劣勢にあった足利勢のなかで村上信貞の一族が奮戦し、その恩賞として信濃国塩田荘《しおだのしょう》（上田市《うえだ》）が与えられたという。この段階で信濃国に軍事指揮権をもった小笠原氏と村上氏が、足利方に与していたことは注意しておきたい。なお、ほかにも小山朝氏や結城朝祐《ともすけ》などがただちに恩賞を与えられたことにより、足利勢の士気は大いに上がったとされる。

これに対して駿河国まで退却した新田勢からは、本隊に属して東海道を下向してきた大《おお》友貞載《ともさだのり》が離反し、十二日の佐野山《さのやま》（静岡県裾野《すその》市）の合戦では、新田方の二条為冬《にじょうためふゆ》が討ち死にするなど大敗した。新田勢は伊豆国府まで退却したが、追撃してきた足利勢を押し返すことができずに東海道を西走した。そして遠江国の今井《いまい》・見附《みつけ》周辺（静岡県磐田市）を過ぎた辺りで、小笠原氏と武田氏《たけだし》の一隊と交戦したという。

一方、尊氏と直義は十四日、伊豆国府で今後の方針を協議する。ここから鎌倉に戻って関東の統治を進めるか、あるいは新田勢を追撃して京都まで攻めのぼるか、という選択である。協議の結果は京都への進軍で一致し、翌日には東海道を京都に向けて出発した。

なお、信濃国大井荘《おおいのしょう》（佐久市）では十二月二十三日、建武政権が東山道から鎌倉へ向かわせた一隊に属した伊予国の忽那重清《くつなしげきよ》が、小笠原貞宗・村上信貞らと戦っている。新田・足利両軍による一連の戦闘状況から考えると、いささか不自然な印象もある。しかし、相模国で敗れた新田勢が揃って東海道を敗走したと考える必要もないわけで、重清が下向ルートを逆に西上する途中、足利方として信濃国に戻っていた貞宗・信貞らと合戦となったとも考えられ、こうした状況は各地で起こっていたのかもしれない。

尊氏に同調する人びと

尊氏が建武政権から離脱し、後醍醐が義貞らを大将とした追討軍を派遣するものの敗退、尊氏が軍勢を率いて西上するという状況のなか、各地で尊氏に同調する動きがみえ始める。

『太平記』は、讃岐国細川定禅《ほそかわじょうぜん》・備前国佐々木信胤《のぶたね》・丹波国久下時重《くげときしげ》らのほか、多くの武士たちが蜂起し、これに政権側の新田義顕《よしあき》らが対応する姿を描いている。護良親王との関係が密接であったとされる赤松円心も「野心を挟む」といった様子で、山陽・山陰方面の混乱を収束させようとする動きをみせなかったという。円心は、このあと尊氏方に転じる。元弘《げんこう》の変では早い段階で後醍醐に応じた人びとも、建武政権への不満を蓄積させていたということであろう。

こうした情勢に対して後醍醐は、尾張国まで退却していた義貞を京都に召還する。加えて奥州の北畠顕家が、義良《のりよし》親王を奉じて上洛を始めた。『太平記』が伝えるところでは、そもそも奥州勢は義貞たちの鎌倉攻めに同調する予定であったが、軍勢を整えるのに手間取っている間に義貞たちが敗退してしまったという。

陸奥国衙《こくが》が発給した文書は比較的多く残されており、顕家たちによる奥州運営は一定の成果をあげていたとみてよい。そうしたなかで出陣に手間取るという状況があったとすれば、奥州の武士たちも完全に建武政権に臣従していたわけではなく、顕家たちが懸命に統率していたと考えるべきだろう。実際、顕家が上洛したのち、奥州情勢は混乱し、再度奥州に入った顕家は、状態の回復に苦心せねばならなかった。

複雑化する南北朝内乱

室町幕府の成立

京都をめぐる攻防

後醍醐《ごだいご》天皇方は、西上してくる足利尊氏《あしかがたかうじ》・直義《ただよし》勢との各所での合戦に敗退する。そして建武三年（一三三六）正月十日には、仁科氏《にしなし》や高梨氏《たかなしし》に守護されて、三種の神器とともに比叡山《ひえいざん》に逃れた。

この戦いのなかで、信濃国の住人「勅使河原丹三郎《てしがわらたんざぶろう》」は新田義貞《にったよしさだ》勢に合流する途中、政権方の敗戦を聞いて京都三条河原《さんじょうがわら》から引き返し、羅城門《らしょうもん》の辺りで自害したという。勅使河原氏は武蔵国賀美郡《かみぐん》勅使河原（埼玉県上里町《かみさとまち》）出身の、武蔵七党《むさししちとう》のうち丹党《たんとう》に属した一族である。承久《じょうきゅう》の乱の際には、幕府方として参戦していることが知られるので、その恩賞として信濃国内にも所領を得たのかもしれない。

翌十一日に入京した尊氏は、洞院公賢《とういんきんかた》亭に滞在して投降者を受け入れたという。これに対して後醍醐方は、奥州《おうしゅう》から尊氏たちを追って上洛してきた北畠顕家《きたばたけあきいえ》の軍勢が、十二日にようやく近江国に到着。観音寺《かんのんじ》（滋賀県近江八幡市《おうみはちまん》）に籠る足利勢を打ち破り、以後、形勢は逆転する。『太平記《たいへいき》』は、後醍醐方が園城寺《おんじょうじ》に陣を敷いた細川定禅《ほそかわじょうぜん》を攻撃した際、新田義貞の弟である脇屋義助《わきやよしすけ》の軍勢に属して奮戦する畑時能《はたけときよし》の姿を伝えている。同書によれば、彼は武蔵国の出身ながら信濃国に移り住んだとされる。また二十日には、信濃国司堀川光継《ほりかわみつつぐ》らも後醍醐のもとに到着、その軍勢には信濃国の仁科盛宗《もりむね》・高梨義繁《よししげ》らも従っていた。

園城寺における戦いをはじめ、京都を中心とした各地の合戦に敗れた尊氏は、二十九日には丹波国に脱出した。その後、二月十二日に播磨国室津《むろつ》（兵庫県たつの市）で開かれた軍議で、山陽道と四国に配置する人びとが決定された。再上洛のために準備されたその配置は、室町幕府守護体制の原型となったとされている。

この軍議を終えると、尊氏は備後国鞆津《とものつ》（広島県福山市《ふくやま》）で、後醍醐に廃位された光厳《こうごん》上皇からの院宣を受け取ったという。『梅松論《ばいしょうろん》』は院宣を受け取った尊氏勢が、「これで朝敵ではなくなった」と勇み上がったと伝えている。尊氏は二十二日に長門国赤間関《あかまがせき》（山口県下関市《しものせき》）に至り、さらに筑前国に渡った。

信濃国内の情勢

京都を中心にめまぐるしく攻守が交替するなか、信濃国内でも後醍醐方と足利方の攻防戦が演じられていた。足利方に属した小笠原貞宗《おがさわらさだむね》が、武田政義《たけだまさよし》らとともに建武三年（一三三六）元日、諏訪《すわ》神社に攻めよせて、足利方戦勝のため、大祝職《おおはふりしき》を藤沢政頼《ふじさわまさより》から諏訪頼継《よりつぐ》に交替させる。政頼は諏訪氏庶流の人物であったが、中先代《なかせんだい》の乱に際しては新政権方に与《くみ》し、北条時行《ほうじようときゆき》を擁立して敗れた諏訪頼重《よりしげ》・時継《ときつぐ》父子の自害後、この大祝職に就いていた。新政権の影響力が急速に縮小されていくなかで、もともと諏訪社内に強力な基盤をもたなかった藤沢政頼の立場が悪化していったのである。

これに対して、小笠原貞宗たちは時継の子息として正当性をもち、諏訪郡原郷（原村）に匿われていた頼継を同職に就けたのである。諏訪氏は新政権打倒に失敗して大祝職を失ったものの、足利氏の離脱によって新政権の体制が不安定化し、同職を奪還することになったわけである。足利氏や貞宗には恩義があるともいえるが、諏訪氏はこのあと信濃国内で、足利方に対抗する南朝方の中心的な存在となっていく。

足利方の村上信貞《むらかみのぶさだ》は市河氏《いちかわし》を率いて、建武三年正月十三日と十七日に埴科郡英多荘《はにしなぐんあがたのしよう》（長野市）の清滝城《きよたきじよう》を攻撃し、二十三日には牧城《まきじよう》（長野市あるいは高山村《たかやまむら》）を攻めている。清滝城の戦いの詳細は不明だが、牧城には香坂心覚《こうさかしんかく》たちが立て籠もり、市河氏のほか高梨時綱《ときつな》や犬甘氏《いぬかいし》・毛見氏《けみし》・殖野氏《うえのし》らも村上氏に従ったらしい。のちにふれるように心覚の子高宗《たかむね》は、後醍醐皇子宗良《むねよし》親王の重要な支援者の一人であった。また村上勢に属した毛見氏は、高井郡毛見郷（木島平村《きじまだいらむら》）を本拠とする一族であったと思われるが、殖野氏の詳細はわからない。

犬甘氏については、翌月十五日、中先代の乱に敗れて逃亡していた北条泰家《やすいえ》が筑摩郡《ちくまごう》で挙兵した際に従った、深志介知光《ふかしのすけともみつ》が同族ではなかったか、との推測があることは先に述べた通りである。なお、二月十五日の段階で、西国では足利方が京都周辺での戦いに敗れて西走するといった状況にあり、混乱した情勢のなかで泰家は起死回生を狙ったものと思われる。しかし、彼らは当時信濃国を実質的に管轄していた、足利方の小笠原氏などに鎮圧されることになる。

後醍醐の京都奪還

足利方を九州に追った後醍醐は、建武三年（一三三六）正月三十日に京都に戻り、翌月の二十九日には元号を「延元」と改めて民心の一新を図った。そしてこの月、成良《なりよし》親王が兼任していた征夷大将軍の立場を廃して、武士の政治的な立場を象徴する地位を抹消した。また、同じく二月には「窪所《くぼどころ》」四番の構成が定められている。この窪所の職務については、民事訴訟や訴訟雑務を担当した訴訟機関とする説や、後醍醐周辺を警備する親衛隊的機関とする説などがあり、いまのところはっきりとしたことはわからない。いずれにしろ後醍醐にとって重要な機関であったことは間違いなく、四月に「武者所《むしゃどころ》」の六番構成が定められたこととともに、建武政権再始動の一環であったといえるだろう。

武者所については、内裏《だいり》や京都の治安維持を担当した機関と考えられているが、六番中の二番には信濃国の仁科盛宗・高梨義繁らの名前がみえている。仁科氏の出自やその後の行動についてはすでに確認したので、ここでは高梨氏について若干確認しておきたい。なお、同じく武者所二番にみえている小笠原頼清《よりきよ》は、阿波小笠原氏の人物で、このあとも南朝方として活動している。

高梨氏の立場

高梨氏の出自については、『尊卑分脈《そんぴぶんみゃく》』に井上氏《いのうえし》の一族としてみえている。しかし、その拠点と考えられている高井郡《たかいぐん》高梨（須坂《すざか》市）の地名を由来とすることを含めて、諸説あって確定されているわけではない。高梨氏の祖は盛光《もりみつ》とされ、その父満実《みつざね》が、永承六年（一〇五一）に陸奥国で安倍氏《あべし》が起こした前九年の役に従軍後、本郷高梨氏と山田高梨氏に分れたという。治承《じしょう》・寿永《じゅえい》の内乱で木曽義仲《きそよしなか》の側近として活躍する忠直《ただなお》は山田高梨氏とされ、当時の本郷高梨氏の動向は不明である。鎌倉幕府成立後には、どちらの流れかは明らかではないが、御家人としての高梨氏の名前が確認できる。そして周辺一族と姻戚関係を結びながら、次第に信濃国北部に勢力を伸ばしていったと考えられている。

これまでにも高梨氏はたびたび登場している。たとえば、北条時行方を攻める建武政権軍に従軍し、尊氏が鎌倉から入京して、後醍醐が比叡山に逃れた際に守護した一隊にも加わっていた。おそらく武者所に結番した義繁は、こうした一族の一員だったと思われるが、本郷・山田両高梨氏のなかに彼の名前は確認できない。

一方、建武三年（一三三六）正月二十三日、後醍醐方の牧城（長野市あるいは高山村）を攻めた軍勢に加わった時綱《ときつな》は、山田高梨氏とされる。また六月に再び牧城を攻撃した際、時綱の軍忠状《ぐんちゅうじょう》に証判を下した経頼《つねより》は本郷高梨氏の人物であった。牧城はしばらく後醍醐方の拠点として維持されたようで、時綱は十月十五日にも牧城に籠った上杉氏と高井郡山《やま》田要害《だようがい》（高山村）で戦って軍忠をあげ、経頼の証判を得ている。南北朝内乱によって各地で引き起こされた一族内の分裂が、高梨氏においても確認できる。

新田義貞の北陸下向

さて後醍醐は、西走した尊氏勢に対しては新田義貞を追討に向かわせるとともに、京都奪還に功績があった義良《のりよし》親王と北畠顕家を奥州に帰還させた。

一方、九州に渡った尊氏は、建武三年（一三三六）三月二日には筑前国多々良浜《たたらはま》で少弐《しょうに》氏らとともに菊池武敏《きくちたけとし》を破り、翌日には大宰府《だざいふ》に入って反建武政権方の武士を結集していた。これに対して義貞勢は、播磨国白旗城《しろはたじょう》（兵庫県上郡町《かみごおりちょう》）によった赤松円心《あかまつえんしん》の抵抗にあって進路を阻まれ、この戦いに執着して五〇日間、白旗城を囲んだという。義貞勢は結局その囲いを解いて西へ向かうが、九州で体勢を立て直した尊氏勢は、四月三日には筑前国博多津（福岡市）から東上を始めたとされる。そして五月五日には鞆津に到着、十八日に備中国福山《ふくやま》（岡山県総社《そうじゃ》市）で直義と義貞勢が戦い、義貞勢は播磨国に敗走した。さらに摂津国湊川《みなとがわ》（兵庫県神戸市）に進んだ足利勢は、義貞や楠木正成《くすのきまさしげ》と二十五日に合戦し、正成は敗死、義貞は京都に退却する。こうした戦況のなかで後醍醐は二十七日、帰京後四ヵ月足らずで、神器を奉じて仁科氏重《うじしげ》らとともに再び比叡山に入った。

後醍醐方と足利方の戦闘は各所で展開され、後醍醐方の千種忠顕《ちくさただあき》や名和長年《なわながとし》が相次いで戦死し、後醍醐方の形勢は好転しなかった。尊氏は八月十五日、神器不在のまま光厳の弟豊仁《ゆたひと》親王を即位（光明《こうみょう》天皇）させ、後醍醐には講和をもちかけた。後醍醐は当時の情勢に鑑み、また皇子成良親王が光明天皇の皇太子にたてられたことから、以後の両統迭立《りょうとうてつりつ》を条件として尊氏の講和要請に応じたものと思われる。

しかし、後醍醐方の主力として奮戦してきた義貞たちにとっては、容易に受け入れられる講和ではなかった。そこで後醍醐は、皇子恒良《ねよし》親王に譲位したうえで義貞に預け、北陸に向かわせることで納得させたという。義貞は新帝恒良を人質にとって比叡山を脱出したともいえるわけで、義貞によるクーデターという評価もあり得るだろう。

室町幕府の成立

建武三年（一三三六）十月十日、後醍醐は仁科重貞《しげさだ》らと神器を奉じて帰京し、義貞たちは北陸に向かった。これに対して尊氏は、信濃国守護代の小笠原兼経《かねつね》らを追討に向かわせている。この追討軍には、市河氏などが加わっていた。そして十一月二日に後醍醐が神器を光明天皇に授けると、尊氏は七日に「建武式目《けんむしきもく》」を制定する。建武式目は二項一七条の、家臣たちによる答申書の形式をとり、政治的指導者としての心構えと施策を示し、尊氏が目指す武家政権（室町幕府）の形を表明したものである。なお、後醍醐は十二月二十一日には京都から吉野山《よしのやま》に居所を移した。

建武式目で、拠点を京都室町と定めて始動した尊氏主導の政権運営には、弟直義も深く関与した。佐藤進一氏は、尊氏が主従制的支配権による人的支配に基づいた軍事部門を担当し、直義は統治権的支配権による領域的支配に基づいた統治部門を担当するという具合に、権限を分割して政権運営を行なったとして、「二頭制」の政治体制と評価している。そして、当時の勢力図を武士・一族・足利支援者・地域性の立場から整理して、尊氏派が武将系・庶子・譜代家臣・畿内近国、直義派は官僚系・惣領・足利一門・畿内周辺および遠国、と分類している。両者が掌握する権限の詳細などについてはさまざまな議論があるが、室町幕府草創期の政治体制の大枠はこのように評価してよいだろう。

信濃国守護

ところで室町幕府体制成立当初、信濃国の守護職には引き続き小笠原貞宗が任じられた。しかし、建武政権崩壊のきっかけとなった中先代の乱の前後には、史料上、軍事的指導者としては、貞宗のほかに村上信貞の名などが確認されており、そうした状況も継承された。小笠原氏と村上氏はともに源氏系であったが、小笠原氏と信濃国の接点は、貞宗の父長清《ながきよ》が文治二年（一一八六）に佐久郡伴野荘《さくぐんとものしょう》（佐久市）地頭職《じとうしき》を獲得した時点である。一方、村上氏の場合はそれよりも古く、一一世紀の末に、源《みなもとの》盛清《もりきよ》が更科郡村上御厨《さらしなぐんむらかみみくり》（坂城町《さかきまち》）に住まったことがきっかけとされる。こうした状況を踏まえれば、信濃国における在地性という観点では村上氏の方が強かったといってよいであろう。

それにもかかわらず守護職補任《ぶにん》に関して小笠原氏が優勢であったのは、鎌倉幕府体制下での両者の立場の違いが影響したものと考えられる。小笠原氏は有力御家人であり得宗被官《とくそうひかん》でもあったが、鎌倉期の村上氏に関する動静ははっきりしない。鎌倉期の小笠原氏が一目置かれる存在であったことは、尊氏が倒幕の兵を挙げる際に同調を求めていることからも明らかで、伊那郡伊賀良荘《いなぐんいがらのしょう》（飯田市《いいだ》）や信濃国守護職が小笠原氏に与えられたのは、論功行賞によるものであった。

すなわち、建武政権期以降、信濃国内における軍事指導者が複数名任命されたのは、小笠原氏の国内基盤が弱かったために、指導力を十分に発揮できなかったことが原因だったと考えられる。室町幕府体制下での信濃国内における小笠原貞宗と村上信貞の立場は対等であったとされるが、尊氏としては、貞宗の脆弱さを補う存在として信貞に期待したということだろう。在地社会においては、国内の由緒が薄弱でありながら、幕府の権威をまとった小笠原氏の存在は疎《うと》まれたと思われ、以後の信濃の国内情勢に大きく影響していくことになる。

内乱の全国化

北陸方面の情勢

建武式目制定直前の建武三年（一三三六）八月十五日、光明天皇が即位すると、足利尊氏は政権運営を弟の直義に任せて出家しようとしたとされる。しかし、後醍醐天皇を中心として吉野に遷った南朝勢力との軍事的な雌雄は、いまだ決していなかった。とくに恒良親王たちを奉じて比叡山から越前国に入った新田義貞の存在は無視できなかった。義貞は、北陸の地に自ら主導する武家政権を建設しようとしていたとも考えられており、そのような意図があったことを尊氏も察知していたとすれば、義貞の存在は一刻も早く否定する必要があったといえるだろう。こうしたことも、尊氏に出家の意思を思いとどまらせた理由のひとつであったかもしれない。

建武三年十月に比叡山から北陸に向かった義貞一行に対して、尊氏が越前国守護として配置していた斯波高経《しばたかつね》は、これを迎え撃つべく出陣した。高経の待ち伏せを知った義貞が、決死の雪中行軍を敢行して越前国に入り敦賀《つるが》（福井県敦賀市）に到着した様子は、『太平記』に詳しく描かれている。義貞たちは気比《けひ》神社（同市）の神官たちに迎えられて金ケ崎《かねがさき》城《じょう》（同市）によることになるが、高経や高師泰《こうのもろやす》に包囲され、翌年の三月六日には兵糧が尽きて落城してしまう。このとき後醍醐の皇子尊良《たかよし》親王と義貞の嫡子義顕《よしあき》は自害し、恒良は捕らえられて京都に送還された。

一方、義貞と弟脇屋義助はかろうじて脱出して越前国の杣山城《そまやまじょう》（福井県南越前町《みなみえちぜんちょう》）に入った。そして義貞に応じた池長久《いけながひさ》や風間信昭《かざまのぶあき》などが四月に越後国で蜂起したため、高梨経頼の軍勢が向かっている。長久は八月にも蜂起しており、このとき差し向けられた高師《もろ》信《のぶ》の軍勢には信濃国の中野家氏《なかのいえうじ》も加わっていた。長久は四月に頸城郡水科《くびきぐんみずしな》（新潟県上越《じょうえつ》市）・水吉《みずよし》（同市）、八月には「符須城《ふすじょう》」で幕府方として戦ったという。符須城の詳細はわからないが、頸城郡に「伏野《ふすの》」（同市）の地名があり、信越国境に「伏野峠」が存在することから、その周辺に所在したものと思われる。戦場は国境付近にあったわけで、このときの軍事行動に信濃国の武士が動員されたのは、このためでもあっただろう。このことは周辺の人びとの生活圏が、両国にまたがるものであったことも裏づけている。

金ヶ崎城落城後、しばらく劣勢にあった義貞は、次第に勢力を回復させて暦応元年（一三三八）二月に越前国府（福井県越前市）を攻略する。そしてその年の閏七月には比叡山にも協力を要請し、北陸における地盤固めが進むかにみえたが、同月二日同国藤島城《ふじしまじょう》（福井市）の攻防戦中、灯明寺畷《とうみょうじなわて》（同市）で斯波高経軍と遭遇して、あっけなく戦死してしまう。またこの年の五月には、後醍醐からたびたび上洛を要請され、前年ようやく奥州から西上を開始した北畠顕家が、和泉国堺浦《さかいうら》（大阪府堺市）・石津《いしづ》（同市）周辺における戦いで敗死している。

皇子たちの展開

顕家と義貞を相次いで失った後醍醐は暦応元年九月、皇子の懐良《かねよし》親王・宗良親王や、北畠親房《ちかふさ》らを各地に派遣して、反転攻勢の拠点としようとした。全国的に南朝の拠点を構築・確立しようという後醍醐の方針によって、内乱状況の全国化は一層進展することになったのである。

懐良は、西国平定を任務とする「征西将軍」として九州を目指し、四国に入ったのち、十二月には讃岐国に至ったらしい。その後、伊予国の忽那《くつな》氏を頼り、康永元年（一三四二）五月に薩摩国から九州に上陸、谷山城《たにやまじょう》（鹿児島市）を拠点に阿蘇《あそ》氏との連携を深めていった。さらに菊池氏の協力も得て、各地の幕府方と交戦しつつ次第に九州を北上、延文六年（一三六一）八月ようやく大宰府（福岡県太宰府市）に到達した。

また、宗良らとともに伊勢国大湊《おおみなと》（三重県伊勢市）を出発した北畠親房は、途中荒天にあって常陸国に漂着し、小田治久《おだはるひさ》に迎えられて小田城（茨城県つくば市）に入った。後醍醐の側近親房という重要な存在を得た東国では、南朝勢力の動きが活発化する。これに対して幕府は暦応二年四月、高師泰・師冬《もろふゆ》を京都から関東に向かわせて南朝方の抵抗に対応させた（常陸合戦）。親房は常陸国内で抵抗をつづけたが、康永二年八月、結城親朝《ゆうきちかとも》が幕府方につくことが判明すると、十一月には東国経営を断念して吉野に戻った。

新田義宗の動向

北畠親房が常陸国に入って南朝の拠点をつくりあげようとしていたころ、越後・信濃国境地帯では、新田義貞の三男の義宗《よしむね》が再起を期して活動していた。北陸地方での勢力拡大に失敗した新田一族は、東国方面に逃れて機会をうかがっていたが、義宗は越後国を拠点としたと思われる。暦応三年（一三四〇）六月には、南保重貞《なんぼしげさだ》に同国奥山荘《おくやまのしょう》（新潟県胎内市《たいないし》）内の地頭職を安堵している。

その義宗は、越後国の軍勢を率いて同年八月、信濃国高井郡志久見山《しくみやま》（栄村《さかえむら》）に攻め込んだが、信濃国守護代の吉良時衡《きらときひら》が派遣した市河氏などの軍勢の前に敗退した。その後も志久見方面で活動したらしい。小笠原貞宗たちは、義宗らの拠点と考えられた越後国魚沼郡妻有荘《うおぬまぐんつまりのしょう》（新潟県津南町《つなんまち》）を攻撃すべく、翌年五月二十八日に出発、国境を越える前に志久見周辺で合戦となっている。その後、六月三日に妻有荘内に攻め込むと、新田一族の屋形を焼き払った。また北条時行が、諏訪頼嗣（頼継）などの支援を受けて暦応三年十月に伊那郡大徳王寺城《いなぐんたいとくおうじじょう》（伊那市）で挙兵したが、守護小笠原貞宗によって攻略されている。

遍歴する宗良親王

暦応元年（一三三八）九月に、北畠親房と伊勢国大湊から出航した宗良親王が、最初に伊勢国に下向したのは建武三年（一三三六）十月、新田義貞が皇太子恒良親王らと比叡山から北陸へ向かった際であったとされる。このときも親房が同行し、建武四年中には伊勢国から遠江国へ移り、奥州から足利尊氏討伐のために上洛する北畠顕家軍と合流したらしい。

暦応三年に伊勢国をあとにした宗良は、晩年に吉野に戻るまで中部地方を中心にたびたび居所を移している。とくに信濃国の滞在期間は長かったが、それは国内に宗良を支える人びとが長期間存在したことを意味する。果たして各地を遍歴する宗良を支援したのは、どのような人びとであったのか。その動向を追いながら、彼がその地域に受け入れられた必然性を探ってみたい。

宗良の生年は応長元年（一三一一）と考えられ、母は二条為世《にじょうためよ》の娘為子《いし》であった。祖父為世は、歌道二条派の祖である為氏《ためうじ》の長男で、母為子も二条派の女流歌人として知られる。宗良はこうした母系の才能を継承して、幼少期から二条家との関係ももって和歌を学び、甥の為定《ためさだ》との関係も長く、「宗良親王千首」など多くの和歌を残している。なかでも自撰の家集『李花集《りかしゅう》』は、中部地方を遍歴した際の歌が含まれており、南朝の動向を知る貴重な史料として評価されている。ただし、その詞書は宗良の記憶によるため、あいまいな部分もあり、これまでの研究によって修正されている年次も多い。

伊勢国の宗良親王

伊勢国には皇室との関係が緊密な伊勢神宮が鎮座しており、軍事的・経済的に期待していたことはいうまでもない。加えて伊勢国大湊は海上交通の要衝《ようしょう》であったことから、東北および関東への結節点としても重要な位置を占めていた。宗良たちは外宮《げくう》（三重県伊勢市）の禰宜度会家行《ねぎわたらいいえゆき》を中心とした人びとが、伊勢神宮の影響力が強い度会郡に玉丸城《たまるじょう》以下の城を構えて迎え入れた。外宮の神官たちは、伊勢斎宮《さいぐう》制度の継承に積極的だった大覚寺統《だいかくじとう》に好意的だったとされ、その結果親房らの伊勢国入りを援助したと考えられている。

親房らが伊勢国で拠点とした玉丸城は現在の玉城町《たまきちょう》田丸《たまる》に所在していたとされ、外宮とも至近で、宮川《みやがわ》によって形成された扇状地を見渡せる位置にあった。伊勢神宮の存在と大湊を中心とした海上交通に期待して伊勢に入った親房にとって、格好の立地であったと思われる。一方、宗良の滞在地は、現在の度会町脇出《わきで》付近に所在したとされる一ノ瀬城であったと考えられている。宮川をさかのぼり、合流する一ノ瀬川をさらに上った、山深い

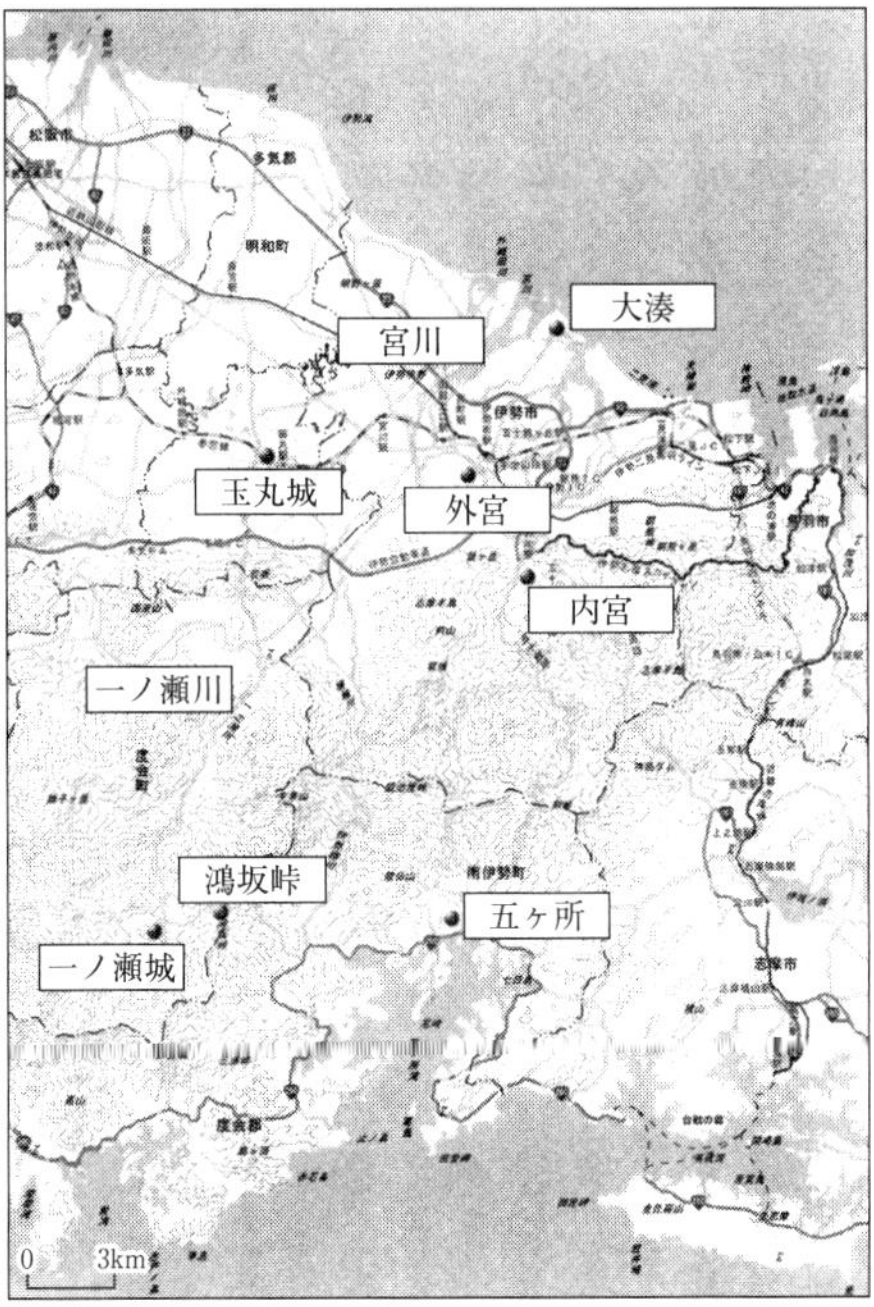

図19　宗良親王伊勢国関係地図

地域であった。統治の実務に当たろうとする親房の玉丸城は立地的にも最前線であったため、その玉丸城と一ノ瀬川沿いの街道によって交流が可能でありながら、比較的安全な山間部に親王の拠点を選択したものであろうか。

伊勢国愛洲氏

いわば北畠親房から宗良を託された形となったこの一ノ瀬城は、愛洲《あいす》氏《し》の拠点であったとされている。愛洲氏については、出自や鎌倉期の動向などを含めて不明な点が多いが、伊勢国を拠点とする一族と、紀伊国を中心に活動した一族が存在したという。両愛洲氏は比較的早くに分裂したと考えられ、両者の交流は確認されていない。しかし、伊勢国の愛洲氏は『太平記』に「愛曽」ともみえ、しばしば新田義貞に従っていたらしい。

〒113-0033・東京都文京区本郷7丁目2番8号　振替 00100-5-244（表示価格は10%税込）
電話 03-3813-9151（代表）　ＦＡＸ 03-3812-3544　http://www.yoshikawa-k.co.jp/

教科書の「あの人物」は「あの時」こんな年齢だったのか！
自分の年齢の時、偉人たちは何をしていたのだろう？

日本史人物〈あの時、何歳？〉事典

0歳から85歳まで、1,200人の事跡

吉川弘文館編集部編

飛鳥時代から昭和まで、日本史上の人物が、何歳の時に何をしていたのかが分かるユニークな事典。年齢を見出しに人物の事跡を解説。生没年を併記し在世も把握できる。巻末に物故一覧と人名索引を付した好事的データ集。

A5判・二九六頁／二二〇〇円

尋《じん》尊《そん》（人物叢書311）

安田次郎著

室町時代中期の僧。幼年で興福寺大乗院に入室、のち門主となる。『大乗院寺社雑事記』などを書き残し、応仁・文明の乱や明応の政変の動向を今に伝える。時代の転換期に門跡の舵を取り、次世代に繋ぐべく尽力した生涯。

四六判・三二八頁／二五三〇円

裁かれた絵師たち

近世初期京都画壇の裏事情

五十嵐公一著

江戸初期、京都画壇には裁判に巻き込まれた絵師がいた。その詳細を検証し、現在の感覚とは異なる法理念や刑罰の実態に迫る。当時の法が絵師の生涯と画業に与えた影響を発見するとともに、作品理解にも役立つ注目の書。

A5判・二八〇頁／二六四〇円

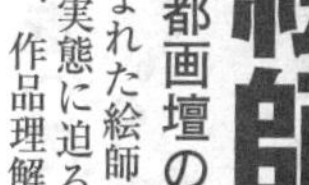

源氏・北条氏から鎌倉府・上杉氏をへて、小田原北条氏とつながる四〇〇年！

対立軸で読みとく〝わかる〟東国史

対決の東国史

全7巻 刊行開始

源義朝の大蔵《おおくら》合戦から小田原北条氏の滅亡まで、四〇〇年に及ぶ中世の東国では、さまざまな勢力が対立・連携し戦いを繰り広げた。源頼朝と木曾義仲の相克より小田原北条氏と越後上杉氏の関東覇権争いに至る七つの「対決」に光を当て、東国がいかなる歴史過程をへて近世を迎えたのかを描く。中央政権と地域権力がからみ合い織りなす姿に迫る、新しい東国史。

〈企画編集委員〉**高橋秀樹・田中大喜**

四六判・平均二〇〇頁 『内容案内』送呈

各二二〇〇円

●第1回配本の2冊

② 北条氏と三浦氏

高橋秀樹著

有力御家人を次々と排斥した北条氏と、その唯一のライバル三浦氏、という通説は正しいのか。両者の武士団としての存在形態に留意し、『吾妻鏡』の記述を相対化する視点から検証。両氏の役割と関係に新見解を提示する。

③足利氏と新田氏

田中大喜著

南北朝時代、対等な立場で覇権を争った足利氏と新田氏。しかし鎌倉期の両者には、圧倒的な経済・政治的格差があった。力の差がありながら、なぜ対決に至ったのか。政治・抗争の過程と足利政権成立後の関係を追う。

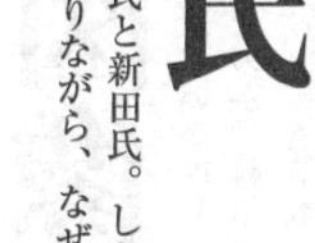

●続刊

①源頼朝と木曾義仲　長村祥知著

④鎌倉公方と関東管領　植田真平著〈22年1月刊〉

⑤山内上杉氏と扇谷上杉氏　木下　聡著〈22年2月刊〉

⑥古河公方と小田原北条氏　阿部能久著

⑦小田原北条氏と越後上杉氏　簗瀬大輔著〈22年3月刊〉

推薦します

山田邦明（愛知大学教授）

ゆうきまさみ（まんが家）

※50音順　敬称略

本シリーズの特色

◆激動する東国の中世！〝対決〟をキーワードに、各時代の代表的な〈権力〉であった二大武家をクローズアップ。約四〇〇年の歴史の流れをつかむ、最新の「わかる」東国史。

◆源義朝の大蔵《おおくら》合戦（一一五五年）から小田原落城（一五九〇年）まで、関東甲信越を中心に畿内（朝廷）や東北も視野に入れ、気鋭の執筆陣が近年の研究成果をふまえて平易に叙述する。

◆鎌倉公方《くぼう》足利氏の成立から、最後の関東管領《かんれい》上杉謙信までの鎌倉府の存在にも着目。上杉禅秀の乱―永《えい》享《きょう》の乱―享徳《きょうとく》の乱―川越合戦―小田原落城へと続く難解な関東戦国史の流れを示す。

◆勢力図や各家の系図など、本文理解を深める図版を多数掲載。巻末には年表を付す。

〈勢力図〉武家の都・鎌倉の争奪戦である南北朝動乱、中先代《なかせんだい》の乱から国府台《こうのだい》合戦、越山する上杉謙信と小田原北条氏の攻防戦など、中世東国の空間が立体的に掴める。

〈各家の系図〉河内源氏・北条氏・鎌倉公方足利氏・上杉氏・古河公方足利氏・小田原北条氏と続く、関東の覇者の血脈や系統が明らかになる。

古城ファン待望の続編！　城探訪の水先案内人として最適なシリーズ！

続 東北の名城を歩く 全2冊

飯村　均・室野秀文編

A5判・平均二八四頁・原色口絵四頁／各二七五〇円　『内容案内』送呈

北東北編　青森・岩手・秋田

津軽・南部・安東・佐竹氏ら、群雄が割拠した往時を偲ばせる空堀や土塁、曲輪が訪れる者たちを魅了する。青森・岩手・秋田の三県から、名城六〇を選び、豊富な図版を交えながらわかりやすく紹介する。詳細かつ正確な解説とデータは城探訪に最適。最新の発掘調査成果に文献による裏付けを加えた、好評の〈名城を歩く〉シリーズ北東北編の続編刊行。

二七二頁

南東北編　宮城・福島・山形

伊達・蘆名・最上・蒲生・上杉氏ら、群雄が割拠した往時を偲ばせる石垣や曲輪が訪れる者を魅了する。宮城・福島・山形の三県から、名城六六を豊富な図版を交えてわかりやすく紹介。南東北編の続編。

【2刷】

好評既刊

東北の名城を歩く　各二七五〇円

北東北編　青森・岩手・秋田【2刷】名城59を収録。

南東北編　宮城・福島・山形【3刷】名城66を収録。

たたかう神仏の図像学
勝軍地蔵と中世社会

黒田　智著

戦乱に明け暮れる中世社会。軍神たる勝軍地蔵は、いかにして誕生し、戦争と平和のあわいで変貌をとげながら、今日まで生きつづけたのか。勝軍地蔵信仰の誕生と中世的世界観を読み解き、八〇〇年の歴史的道程を辿る。

A5判・三二八頁・原色口絵四頁

四一八〇円

東京裁判の所感、A級戦犯の人物評、巣鴨プリズンの生活…。

戦時期日本と戦後国際政治を考える重要史料

外交官・政治家重光葵が獄中で記した貴重な日記を待望の新装復刊！

巣鴨日記 正・続

（合本新装版）

昭和21年4月29日〜25年11月21日

重光葵著

解題 一ノ瀬俊也（埼玉大学教授）

戦時中に外務大臣を務め、降伏文書に調印した重光葵が、巣鴨プリズンで書いた貴重な日記史料。一九五三年刊行より六十八年、逮捕から判決までの『巣鴨日記』と、受刑者生活の開始から保釈までの『続巣鴨日記』を合本して復刊する。ほぼ毎日記され、東京裁判法廷でのやりとりやA級戦犯の肉声などは史料価値が高い。解題と索引を新たに付載する。

A5判・六七〇頁 口絵二頁 七一五〇円 『内容案内』送呈

帝国主義国の軍隊と性

売春規制と軍用性的施設

林 博史著

植民地を広げる帝国主義国家は、兵士の管理や性病予防のため軍用性的施設を設置した。英国を中心にフランス・ドイツ・米国などの売春管理政策を比較・分析。世界史的視座から日本軍「慰安婦」制度の位置づけと特徴に迫る。

四六判・四八六頁 四一八〇円

日記と歴史百科が一冊で便利！

歴史手帳 2022年版

吉川弘文館編集部編

A6判・三三六頁／一三二〇円

毎年歴史家をはじめ、教師・ジャーナリスト・作家・学生・歴史愛好者など、多数の方々にご愛用いただいております。

歴史文化ライブラリー

●21年9月〜12月発売の8冊

四六判・平均二二〇頁　全冊書き下ろし

人類誕生から現代まで／忘れられた歴史の発掘／常識への挑戦／学問の成果を誰にもわかりやすく／ハンディな造本と読みやすい活字／個性あふれる装幀

533 隠れた名君 前田利常　加賀百万石の運営手腕

木越隆三著

父利家、兄利長の後を継ぎ、前田家三代当主となった利常《としつね》。彼はいかにして加賀藩の基礎を揺るぎないものとしたのか。最晩年の藩政改革「改作法」に至る政治過程を解明。「一揆の国」の近世化を達成した生涯と業績を描く。　二七二頁／一九八〇円

534 軍港都市の一五〇年　横須賀・呉・佐世保・舞鶴

上杉和央著

近代海軍が拠点を置いたことで誕生した軍港都市。鎮守府・海軍工廠があった旧軍港四市の人口・戸数の変遷や人びとの営み、交通や観光、戦後のまちづくりなどを描き、平和産業都市への生まれ変わりを見通した軍港都市史。　三〇四頁／二〇九〇円

535 六波羅探題　京を治めた北条一門

森　幸夫著

承久の乱後に京都に置かれ、西国統治に重要な役割を果たした六波羅探題。執権・連署に次ぐ重職とされた実態やいかに。朝廷や大寺社とも折衝しつつ機能を整えた変遷と、政治家の力量が問われた探題北条氏の苦闘を描く。〈2刷〉　二二四頁／一八七〇円

536 信濃国の南北朝内乱　悪党と八〇年のカオス

櫻井　彦著

約六〇年続いたとされる南北朝内乱。信濃国はさらに二〇年も長引いた。地域のなかで衝突を繰り返す悪党が全国展開した時代だが、信濃国では様相を異にしていた。当地の地域集団に光をあて、内乱長期化の要因に迫る。　二五六頁／一九八〇円

537 イヌと縄文人
狩猟の相棒、神へのイケニエ

小宮　孟著

イヌと縄文人のつきあいは約八五〇〇年前までさかのぼる。日本列島に渡来した縄文犬のルーツをたどり、埋葬されたイヌの出土状態から生活を復元。猟犬や神へのイケニエとしての役割を探り、イヌと縄文人の関係を解明。

二二四頁／一八七〇円

538 近江商人と出世払い
出世証文を読み解く

宇佐美英機著

出世払い慣行はいかに成立し定着したのか。全国的に活動した近江商人を取り上げ、残された出世証文から歴史や仕組みをひもとく。いまも事業継続する企業も多く、高い道徳観に裏打ちされた立身・出世観を解き明かす。

二八八頁／一九八〇円

539 九州戦国城郭史
大名・国衆たちの築城記

岡寺　良著

毛利・秋月・大友・島津らの覇権をめぐる合戦や領国争い、秀吉による九州平定を、城館に焦点をしぼって描く。平地の館や「陣城《じんじろ》」にも着目。築城をめぐる彼らの目論見を読み解き、新たな九州戦国史像を明らかにする。

二九八頁／二〇九〇円

540 中世かわらけ物語
もっとも身近な日用品の考古学

中井淳史著

中世に誰もが使用した器・かわらけ。大量に出土する遺物でも、それぞれに個性があり中世社会を雄弁に語る。製法、用途、デザインの流行などを読み解き、地域や身分を超え人びとの暮らしに寄り添ってきた姿を描きだす。

三〇四頁／二〇九〇円

【好評既刊】

531 慶長遣欧使節　伊達政宗が夢見た国際外交
佐々木　徹著　二七二頁／一九八〇円

532 明暦の大火　「都市改造」という神話
岩本　馨著　二九六頁／二〇九〇円

歴史文化ライブラリー
オンデマンド版　好評発売中
品切書目の一部を、オンデマンド版に随時追加して販売中です。詳しくは『出版図書目録』または小社ホームページをご覧下さい。

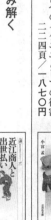

読みなおす日本史

毎月１冊ずつ刊行中　四六判

呪いの都　平安京　呪詛・呪術・陰陽師

繁田信一著

二四八頁／二四二〇円（補論＝繁田信一）

貴族の陰湿な望みをかなえるために暗躍する法師陰陽師。呪詛と呪術に生きた彼らとはどのような人々だったのか。呪いあう貴族の怨念を読み解き、平安京の裏の姿を明らかにする。新たに「呪禁師」に関する補論を収載。

海の武士団　水軍と海賊のあいだ

黒嶋　敏著

二四〇頁／二四二〇円（補論＝黒嶋　敏）

中世日本の浦々には、海賊・水軍などと呼ばれナワバリを生活基盤とする〈海の勢力〉が存在した。彼らは武士の世でいかなる存在だったのか。武家政権に重用されるも、戦国乱世に巻き込まれ、やがて姿を消すまでを描く。

江戸城　将軍家の生活

村井益男著

二三八頁／二四二〇円（解説＝松尾政司）

太田道灌が築城し、徳川家康の天下普請により完成した江戸城。中世以来六度も主を変えつつ豪族館から近世城郭へ発展を遂げ、今も皇居として維持し続ける名城の八百年を平易に解説。城内の諸役所や生活も描いた名著。

沖縄からアジアが見える

比嘉政夫著

二〇〇頁／二四二〇円（解説＝渡邊欣雄）

南島の文化や民俗は、多くの人々を魅了してやまない。沖縄に生まれ育った著者が故郷に残るシーサーや爬龍船《ハーリー》競争、ミルク神などの民俗慣習を綿密に調査。沖縄文化の独自性を探り、アジア諸文化との関連を解説する。

魏志倭人伝と東アジア考古学

門田誠一著

Ｂ５判・三五二頁／一三二〇〇円

魏志倭人伝に記された倭と倭人の事物・習俗・社会を、同時代の文献・考古資料から検証。中国と周辺勢力との国際関係、編纂の史的環境、物質文化史の視点から探り、三世紀東アジアにおける相対的な位置づけを試みる。

日本古代の塩生産と流通

岸本雅敏著

B5判・二四八頁／一一〇〇〇円

モノとして遺存しない古代の塩の研究は困難である。製塩土器などの考古資料と木簡・正倉院文書などの文献史料を駆使し、律令国家による生産・流通の掌握、原始・古代における社会的意味、東西日本の差異などを究明。

古代天皇祭祀の研究

木村大樹著

A5判・三八〇頁／一二一〇〇円

大嘗祭・神今食《じんこんじき》などの天皇祭祀には、今なお不明瞭な点が多い。古代天皇祭祀の実態を神饌供進儀《しんせんきょうしんのぎ》から分析し、御体御卜《おおみまのみうら》などの周辺諸祭儀との関連を考察。現代へつながる意義を追究し、国家祭祀との二重構造論を展望する。

中世後期の京郊荘園村落

高木純一著

A5判・二八八頁／八八〇〇円

中近世移行期に村落が自立性を獲得していったとする議論は、実在の村をどこまで反映しているのか。室町期の東寺領山城国上久世荘における年貢収納のありようや武家権力との関係を検討し、移行期村落論に新知見を示す。

中世後期の村落自治形成と権力

熱田　順著

A5判・三六〇頁／一二一〇〇円

中世後期から近世にかけて、どのように村落の「自治」が形成されたのか。その経緯と背景を、和泉・紀伊・丹波の村落を事例に再検討。領主層をはじめとする上位権力と村落・地域との結び付きに焦点を当て実態に迫る。

近世公武の奥向構造

石田　俊著

A5判・二八〇頁／一〇四五〇円

近世の公家・武家社会の奥向は、いかなる役割を果たしたのか。厖大な公家史料の博捜と読解から、世継ぎの出産・養育や朝廷の意思決定への関与、それらを支える組織・制度などを分析。朝幕関係をふまえ奥向運営に迫る。

十九世紀日本の対外関係
開国という幻想の克服

上白石　実著

A5判・二九二頁／一〇四五〇円

近年、明治維新への関心が内外で高まり、十九世紀を論じる研究も盛んである。ロシア船が現れ始めた十八世紀後半から日清戦争が始まるまでの時期を対象にして、約一〇〇年かけた「自己変革の時代」の実情を考察する。

江戸城御殿の構造と儀礼の研究
空間に示される権威と秩序

深井雅海著

将軍が生活を営み、幕閣や諸役人が勤務する巨大な政庁・江戸城御殿。数々の儀式はどこで、いかに行われたのか。絵図や記録を駆使して本丸御殿の構造と機能を再現し、将軍を頂点とする序列から格式社会江戸を究明する。　B5判・二八〇頁／一二一〇〇円

近世・近代の森林と地域社会

萱場真仁著

A5判・三〇四頁／一一〇〇〇円

弘前藩を事例に、領主の森林政策と領民の利用動向の実態を明らかにする。藩による林政の展開、森林利用をめぐる藩と領民の関係、近代への継承などから林政史研究に一石を投じ、今後の森林管理や活用に示唆を与える。

近代移行期の酒造業と地域社会 伊丹の酒造家小西家

飯塚一幸編

A5判・二八四頁／一〇四五〇円

現在に至るまで酒造業を営む伊丹の小西家。近世後期から第一次大戦までを対象に、近代化の荒波を乗り越えた経営を分析。金融・鉄道を通した地域への関与や、他の商家との関係など、大規模酒造家の実態に多角的に迫る。

明治日本と日清開戦 東アジア秩序構想の展開

大澤博明著

A5判・三〇〇頁／九九〇〇円

近代日本の分岐点となった日清戦争。その開戦過程を、国際的要因、日英清提携論の形成、幕末以来の外交上の道義、清との交渉の視角などから分析。東アジアの地域秩序と明治外交の考察から、日清開戦像を捉え直す。

日清・日露戦後経営と議会政治 官民調和構想の相克

伊藤陽平著

A5判・三三六頁／一一〇〇〇円

日清・日露戦後は、藩閥と政党の提携が崩れ、二大政党が誕生する。この時期の官民調和体制を、第三勢力としての吏党を重視しつつ、官民「協調」論と「一体」論の二潮流から分析。大正政変までの政界再編過程を捉え直す。

小笠原長生と天皇制軍国思想

田中宏巳著

A5判・五〇二頁／一三二〇〇円

特異な経歴で海軍中将まで昇った小笠原長生《ながなり》。日清・日露戦史の編纂、東宮御学問所での皇室との繋がり、東郷平八郎のブレーンなど、日記を中心に半生を描く。制度の上ではあり得ない秘められた活動にも触れ、実像に迫る。

日本考古学 53

日本考古学協会編集――A4判・九六頁／四四〇〇円

日本考古学年報 73 （2020年度版）

日本考古学協会編集――A4判・二四〇頁／四四〇〇円

正倉院文書研究 17

正倉院文書研究会編集――B5判・一二二頁・口絵二頁／四九五〇円

鎌倉遺文研究 第48号

鎌倉遺文研究会編集――A5判・一一四頁／二二〇〇円

戦国史研究 第82号

戦国史研究会編集――A5判・五〇頁／七五〇円

交通史研究 第99号

交通史学会編集――A5判・一一〇頁／二七五〇円

浅草寺日記 第41号 （補遺編1）

A5判・八一六頁

浅草寺史料編纂所・浅草寺日並記研究会編――一一〇〇〇円

吉川弘文館編集部編

奈良古社寺辞典
四六判・三六〇頁・原色口絵八頁／三〇八〇円

京都古社寺辞典
四六判・四五六頁・原色口絵八頁／三三〇〇円

鎌倉古社寺辞典
四六判・二九六頁・原色口絵八頁／二九七〇円

飛鳥史跡事典
木下正史編
四六判・三三六頁／二九七〇円

世界の文字の図典【普及版】
世界の文字研究会編
菊判・六四〇頁／五二八〇円

花押・印章図典
瀬野精一郎監修・吉川弘文館編集部編
B5横判
二七〇頁
三六三〇円

日本史年表・地図
年表部分が読みやすくなりました
児玉幸多編
B5判・一三八頁／一五四〇円

日本史総合年表 第三版
加藤友康・瀬野精一郎・鳥海 靖・丸山雍成編
四六倍判
一二九二頁
一九八〇〇円

日本の食文化史年表
江原絢子・東四柳祥子編
菊判・四一八頁／五五〇〇円

日本メディア史年表
土屋礼子編
菊判・三六六頁・原色口絵四頁／七一五〇円

日本軍事史年表 昭和・平成
吉川弘文館編集部編
菊判・五一八頁／六六〇〇円

誰でも読める【ふりがな付き】日本史年表 全5冊
吉川弘文館編集部編
全5冊揃価
二五八五〇円

古代編 六二七〇円　近世編 五〇六〇円　現代編 四六二〇円
中世編 五二八〇円　近代編 四六二〇円
菊判・平均五二〇頁

世界史年表・地図
亀井高孝・三上次男・林 健太郎・堀米庸三編
B5判
二〇八頁
一六五〇円

●近刊

古代天皇と神祇の祭祀体系
岡田莊司著
A5判／一〇四五〇円

日本古代の外交と礼制
浜田久美子著
A5判／一一〇〇〇円

古代氏族の系図を読み解く（歴史文化ライブラリー541）
鈴木正信著
四六判／一八七〇円

変体漢文（新装版）
峰岸 明著
A5判／六六〇〇円

平家物語を読む 古典文学の世界（読みなおす日本史）
永積安明著
四六判／二四二〇円

中世奥羽の世界（新装版）
小林清治・大石直正編
四六判／三三〇〇円

鎌倉幕府はなぜ滅びたのか（歴史文化ライブラリー543）
永井 晋著
四六判／一九八〇円

永青文庫叢書 細川家文書 意見書編
熊本大学永青文庫研究センター編
A4判／二七五〇〇円

イワシとニシンの江戸時代 人と自然の関係史
武井弘一編
四六判／二六四〇円

戊辰戦争と草莽の志士 切り捨てられた者たちの軌跡
髙木俊輔著
A5判／二四二〇円

リーダーたちの日清戦争（歴史文化ライブラリー542）
佐々木雄一著
四六判／一九八〇円

近代日本の地方行政と郡制
谷口裕信著
A5判／一二一〇〇円

立憲民政党の地方組織と北海道 自由民主党への道
井上敬介著
A5判／一〇四五〇円

家と子どもの社会史 日本における後継者育成の研究
鈴木理恵編
A5判／七七〇〇円

〈洗う〉文化史 「きれい」とは何か
国立歴史民俗博物館・花王株式会社編
四六判／二四二〇円

気候適応の日本史 人新世をのりこえる視点（歴史文化ライブラリー544）
中塚 武著
四六判／一九八〇円

また、建武三年（一三三六）に摂津国湊川で楠木正成が敗死して南朝方の劣勢が強まるなかで、南朝が頼りとする勢力として備後国の桜山《さくらやまし》氏や備前国の児島《こじまし》氏とともに数えられている。そして暦応二年（一三三九）の、南朝方の潮田刑部左衛門尉幹景《しおたぎょうぶざえもんのじょうみきかげ》の軍忠状には「守護愛州（洲）太郎右衛門尉」とみえている。こうしたことから愛洲氏は、建武三年当時から南朝方の守護職を得ていた可能性も指摘されている。実際に愛洲氏が守護職を獲得していたかどうかはともかく、「守護」と目される実力を有していたと思われ、親王の安全を確保する存在としてふさわしかった。

なお一四世紀の段階で愛洲氏が、確実に拠点としていたと考えられている地域として、一ノ瀬のほかに「五ヶ所」があったとされる。この「五ヶ所」の位置は前掲の地図に示した通りで、現在の南伊勢町に所在し、一ノ瀬とは鴻坂峠《こうさかとうげ》を越えて交流可能であった。また、海に開けた「五ヶ所」の地理的な特徴を勘案すれば、早くから海とのつながりをもっていたと考えてよいのではなかろうか。

残念ながら一四世紀に愛洲氏が海上交通にかかわった徴証はないが、永正六年（一五〇九）愛洲氏が海上流通の拠点である大湊に対して、武力介入したことを伝える史料が残されている。この一件についての詳細は不明だが、愛洲氏を含めた伊勢周辺の制海権をめぐる動きであったと考えられている。後醍醐の倒幕運動を担った有力な勢力として、地域の流通経済を掌握した人びととの存在が指摘されているが、愛洲氏もそうした存在に連なる一族といえる。だからこそ親房はじめ南朝方は、愛洲氏に期待したと考えてよいだろう。

遍歴の始まり

建武四年（一三三七）中に遠江国へ移って、北畠顕家軍と合流したとされる宗良だが、顕家が暦応元年（一三三八）五月に和泉国石津で敗死するまでの動向は、はっきりしない。その後、宗良はいったん吉野に入り、再び伊勢国に下って、九月に北畠親房らと東国方面に向かうことになる。

しかし大湊を出航した宗良一行は、天竜灘《てんりゅうなだ》周辺で天候が悪化したため二、三日海上を漂った末、仲間の船は散り散りになってしまったという。そして宗良は、天竜川河口の白羽湊《しろわみなと》に打ち上げられて、遠江国の井伊城《いいじょう》（静岡県浜松市）によったらしい。このとき宗良や親房は、奥州における顕家の遺産を継承し、奥州から南朝勢力の挽回を図ろうとしたものと思われる。

ただし、宗良は『李花集』六九九番の詞書に、「戦いに敗れてしばらく吉野に滞在したが、再び東国統治のために下向せよとの仰せだったので、秋ごろ井伊城に戻った」と記しており、たまたま井伊城に入ったのではなく、井伊城への帰還が本来の目的であったのかもしれない。遠江国は京都と東国方面を結ぶ陸上交通の要衝であり、南朝にとって是非とも掌握しておきたい地域であった。宗良は顕家上洛の際、井伊城で合流したために「戻る」という表現をしたのかもしれないが、いずれにしろ以後、遠江国で宗良を迎えるのは井伊城であった。

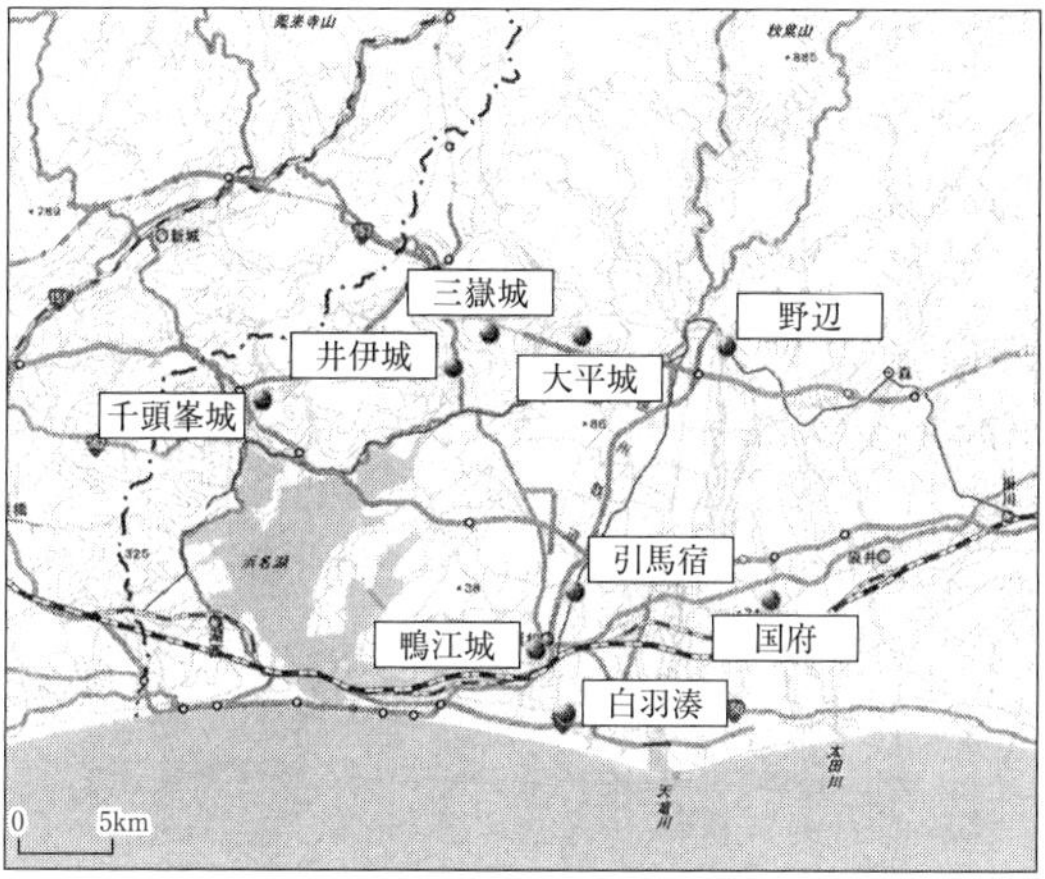

図20　宗良親王遠江国関係地図

遠江国から駿河国へ

この井伊城は井伊氏が本拠としており、現在の静岡県浜松市北区引佐《いなさ》町《ちょう》井伊谷《いいのや》に所在した。井伊氏は藤原氏を出自とする一族であったとみられ、『吾妻鏡《あずまかがみ》』に「伊井介」「井伊介」、『太平記』に「井介」とみえるなど、「介」を称することから在庁官人であったと考えられている。そして『太平記』における井伊氏は、遠江国随一の南朝同調者として登場している。

しかし、南朝方が東海地方で頼りとした井伊氏も、尊氏方の高一族に攻められて、暦応三年（一三四〇）には鴨江《かもえ》（静岡県浜松市）・千頭峯《せんとうがみね》（同市）・三嶽《みたけ》（同市）・大平《おおだいら》（同市）

の諸城が陥落して、大方の拠点を失ってしまったらしい。

このため宗良は、遠江国から駿河国安倍城《あべじょう》（静岡市）に入った。安倍城は狩野介貞長《かのうのすけさだなが》の居城であり、井伊氏同様「介」を称していることから、狩野氏は伊豆国在庁官人を出自として、駿河国や遠江国に一族を展開していたと考えられている。

井伊氏や狩野氏のような在庁官人系の地域有力者たちは、鎌倉期に北条氏の掌握下にあった東海地方では抑圧された存在であったと思われ、南朝方もそうした不満を理解し、期待していたのであろう。狩野氏は護良《もりよし》親王の子興良《おきよし》親王を迎えていたともされ、在庁官人系の人びとが南朝を支援していたという傾向も指摘できるだろう。

貞長が安倍城に宗良を迎えた期間は、一年足らずであったらしい。宗良は「少々遠慮しなければならないことがあったので」駿河国を出国することにしたと書き留めており、駿河国での南朝方の形勢悪化が出国の原因であったと思われる。そして宗良は、駿河国から甲斐・信濃両国を経由した後、越後国寺泊《てらどまり》（新潟県長岡《ながおか》市）に迎えられることになる。

宗良親王の信濃入国

越後入国

越後国の南部には、上野国新田荘《にったのしょう》（群馬県太田《おおた》市）を本拠地とする新田一族が広く分布し、このため建武政権下の越後国は新田義貞が掌握した。そして新田一族の存在によって、義貞は南北朝内乱初期まで同国内に影響力を保持していたという。建武三年（一三三六）、義貞が比叡山から北陸を目指した背景にはこうした基盤に期待した部分があった。しかし、義貞が暦応元年（一三三八）に敗死すると、離反者が相次ぐ。とはいえ、引き続き南朝に従う勢力も存在し、『太平記』は後醍醐天皇亡き後に期待される諸豪族として小国《おぐに》・池・風間の各氏をあげ、このほか河内《かわち》・小木・高梨・千屋《ちや》などの人びとが南朝方に同調していたことが知られている。

越後国内では、阿賀川《あがのがわ》以北はほぼ足利方に転じていて、信濃川《しなのがわ》左岸の蒲原津《かんばらのつ》（新潟市）

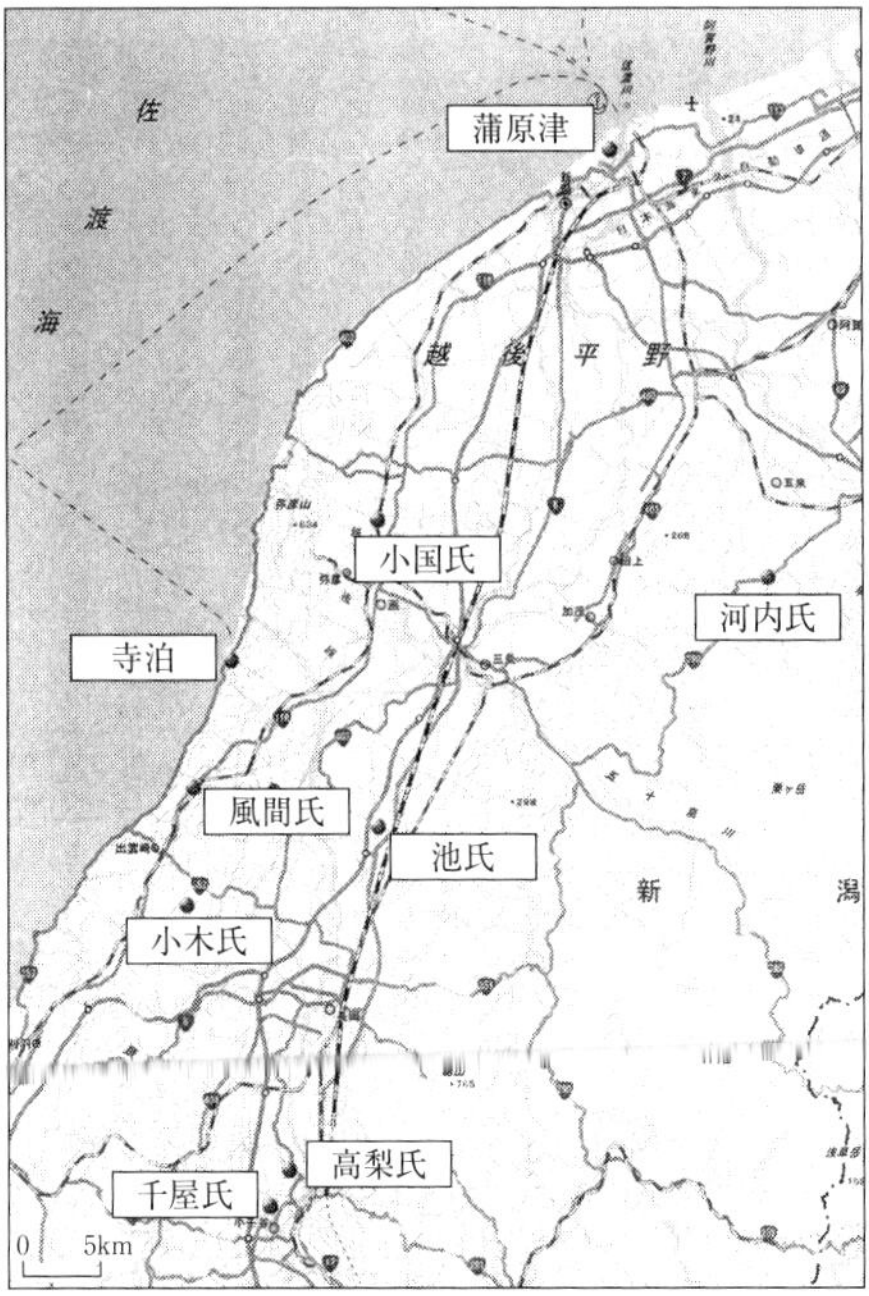

図21　宗良親王越後国関係地図

ではしばしば両軍が衝突しており、情勢は阿賀川を挟んだ南北で対峙していたといえる。そして改めて寺泊の位置を確認すれば、それは南朝方諸一族の拠点によって保護された地域であったことがわかる。宗良親王の越後入国は、武家方の攻勢のなかで南朝方の新たな結束の核として期待されて実現したものと思われる。

ところで、宗良親王の越後入国は、従来暦応四年春とされ、それに「勇気づけられた」南朝方が同年五月以降攻勢に転じた、と解釈されてきた。しかし、入国は同年末であったとの主張もあり、これに従えば南朝方の攻勢時期は駿河出国の時期と重なることになる。越後国の南朝勢力は、宗良を迎えるに当たって、形勢の挽回を期したということになるだろう。

しかし、五月二十八日に信濃国に討ち入った新田義貞の三男義宗が反撃されて、翌月三日には館を焼かれ、六月一日には小国政光《まさみつ》の蒲原津に構えた城郭が攻められて焼失してしまう。さらに、十月九日には河内氏の藤倉城《ふじくらじょう》（新潟県五泉市《ごせん》カ）も落城した。その後、越後国内で南朝方が組織的に抵抗した痕跡は残されていない。

これまで伊勢国では一ノ瀬城、遠江国では井伊城、駿河国では安倍城と、各地の有力者が迎えていたことを思えば、越後国でも新田一族や、そのほか有力な南朝方の一族が拠点とする城郭に迎えられて然るべきで、寺泊というのは少々違和感がある。寺泊は佐渡島《さどがしま》（新潟県佐渡市）に渡る玄関口として有名であるが、当然のことながら佐渡島以外の各地との交流も盛んであった。こうしたことを踏まえれば、脱出可能な地で南朝方の反抗を待ったものの実現せず、ついに越中国に向かわざるを得なかったと考えられる。もちろんその行程には海路が選ばれたと思われ、越中国「なこの浦」に足跡が残されている。

越中国から信濃国へ

この「なこの浦」は、放生津《ほうじょうづ》（富山県射水市《いみず》）と呼ばれる海上交通の要衝で、在庁官人の系譜を引くとされる石黒氏《いしぐろし》や、稲上《いながみ》・姫野《ひめの》などの諸氏が迎え入れたと考えられている。さらに、この地が新田義貞を支援した気比神宮領であったことなどが南朝の拠点とされた要因として想定されているが、いずれも明確な史料によって裏づけられているわけではない。期待すべき後ろ盾が存在しなかったためか、滞在期間もわずかであり、越中在国が越後国脱出の結果であったという印象を強くする。

越中出国後、宗良は信濃国に入り、途中しばしば出国したものの滞在期間は約三〇年の長期にわたった。その信濃国での拠点は、大河原《おおかわら》（長野県大鹿村《おおしかむら》）であったことが知られる。大河原は天竜川の中流域に位置し、南アルプスと伊那山地に挟まれた山里である。しかし、伊那山地を越えて天竜川沿岸との交流は比較的容易であったとされ、大河原から東山道《とうさんどう》を利用することも可能であった。東山道によって北陸方面と、天竜川によって諏訪および東海道・遠江国と結ばれていたと考えれば、山深く思えるものの、大河原は南朝の拠点として好条件を備えていたといえる（前掲図2参照）。

大河原の香坂氏

そしてこの大河原では、香坂高宗《たかむね》らに支えられていた。香坂氏は、海野《うんの》・禰津《ねづ》両氏とともに滋野氏《しげのし》流の一族として、『信州滋野氏三家系図』を残す望月氏《もちづきし》の庶子であったという。望月氏は北佐久郡望月に所在した望月牧（佐久市周辺）を管理した一族であり、香坂氏も牧にかかわった可能性が高いとされる。大河原周辺は牧に適した地理的環境にあり、香坂氏も牧開発にかかわって当地に入ったと考えられる。先にもふれたように、建武三年（一三三六）に高宗の父とされる心覚が牧城（長野

ふりがな ご氏名	年齢　　歳	男・女
〒□□□-□□□□ ご住所	電話	
ご職業	所属学会等	
ご購読 新聞名	ご購読 雑誌名	

今後、吉川弘文館の「新刊案内」等をお送りいたします(年に数回を予定)。
ご承諾いただける方は右の□の中に✓をご記入ください。　□

注 文 書

月　　日

書　　名	定　価	部　数
	円	部
	円	部
	円	部
	円	部
	円	部

配本は、○印を付けた方法にして下さい。

イ. 下記書店へ配本して下さい。
（直接書店にお渡し下さい）

(書店・取次帖合印)

書店様へ＝書店帖合印を捺印下さい。

ロ. 直接送本して下さい。
代金（書籍代＋送料・代引手数料）は、お届けの際に現品と引換えにお支払下さい。送料・代引手数料は、1回のお届けごとに500円です（いずれも税込）。

＊お急ぎのご注文には電話、FAXをご利用ください。
電話 03-3813-9151（代）
FAX 03-3812-3544

（ご注意）

・この用紙は、機械で処理しますので、金額を記入する際は、枠内にはっきりと記入してください。また、本票を汚したり、折り曲げたりしないでください。

・この用紙は、ゆうちょ銀行又は郵便局の払込機能付きATMでもご利用いただけます。

・この払込書を、ゆうちょ銀行又は郵便局の渉外員にお預けになるときは、引換えに預り証を必ずお受け取りください。

・ご依頼人様からご提出いただきました払込書に記載されたおところ、おなまえ等は、加入者様に通知されます。

・この受領証は、払込みの証拠となるものですから大切に保管してください。

収入印紙
課税相当額以上
貼　　付

印

この用紙で「本郷」年間購読のお申し込みができます。

◆この申込票に必要事項をご記入の上、記載金額を添えて郵便局でお払込み下さい。

◆「本郷」のご送金は、４年分までとさせて頂きます。

※お客様のご都合で解約される場合は、ご返金いたしかねます。ご了承下さい。

この用紙で書籍のご注文ができます。

◆この申込票の通信欄にご注文の書籍をご記入の上、書籍代金（本体価格＋消費税）に荷造送料を加えた金額をお払込み下さい。

◆荷造送料は、ご注文１回の配送につき500円です。

◆キャンセルやご入金が重複した際のご返金は、送料・手数料を差し引かせて頂く場合があります。

◆入金確認まで約７日かかります。ご了承下さい。

※領収証は改めてお送りいたしませんので、予めご了承下さい。

お問い合わせ　〒113-0033・東京都文京区本郷７―２―８
吉川弘文館　営業部
電話03-3813-9151　FAX03-3812-3544

この場所には、何も記載しないでください。

払込取扱票

02 東京

通常払込料金加入者負担

口座記号番号	金額
00100-5-244	千 百 十 万 千 百 十 円 ※

加入者名 株式会社 吉川弘文館

料金 / 備考

各票の※印欄は、ご依頼人において記載してください。

ご依頼人・通信欄

フリガナ
※お名前
郵便番号　電話
※ご住所
※

〈この用紙で書籍代金ご入金のお客様へ〉
代金引換便、ネット通販ご購入後のご入金の重複が増えておりますので、ご注意ください。

◆「本郷」購読を希望します

購読開始　　号 より

1年 1000円（6冊）　3年 2800円（18冊）
2年 2000円（12冊）　4年 3600円（24冊）
（ご希望の購読期間に○印をお付け下さい）

日附印

裏面の注意事項をお読みください。（ゆうちょ銀行）（承認番号東第53889号）

これより下部には何も記入しないでください。

切り取らないでお出しください。

記載事項を訂正した場合は、その箇所に訂正印を押してください。

振替払込請求書兼受領証

口座記号番号 00100-5-244　通常払込料金加入者負担

加入者名 株式会社 吉川弘文館

金額 千 百 十 万 千 百 十 円 ※

ご依頼人 おなまえ ※　様

料金

日附印

備考

この受領証は、大切に保管してください。

市あるいは高山村）で南朝方として戦っており、本家望月氏同様、信濃国東部にも拠点は有していたのであろう。

その後、香坂氏は観応二年（一三五一）八月、諏訪氏の軍勢に従って信濃国「富部原」で足利方の佐藤元清《さとうもときよ》と戦っている。戦場となった「富部原」についてははっきりしないが、『日本歴史地名大系　長野県の地名』（平凡社、一九七九年）によれば現在「富部《とんべ》」の地名は、長野市内川中島平《かわなかじまだいら》ほぼ中央に比定される「富部御厨」と、下諏訪町「富部」に残されている。南朝方の諏訪氏が北陸道から南下して信州に入ったことを踏まえれば、富部御厨周辺であったと考えるべきか。なお、その後は文和二年（一三五三）に足利方の追討を受けていることがわかるだけで、いつの段階で大河原周辺を拠点としたのかについては不明である。

ところで、富部原で香坂氏と戦った佐藤元清は、引き続き善光寺《ぜんこうじ》で禰津氏と戦っている。残念ながら『太平記』から香坂氏の動向を追うことはできないが、禰津氏についてはその活躍ぶりが散見される。禰津氏は、小県郡《ちいさがたぐん》禰津（東御《とうみ》市）を名字の地とした一族である。

このころ足利尊氏は、弟直義との対立を深刻化させ（観応《かんのう》の擾乱《じょうらん》）、観応二年十一月には南朝と講和を結んで（正平一統《しょうへいいっとう》）、翌年二月には直義を毒殺した。そして直義毒殺直後の閏二月、宗良は弟の後村上《ごむらかみ》天皇から征夷大将軍に任じられ、新田義貞の次男義興や三男義宗らに奉じられて鎌倉を目指した。『太平記』によれば、宗良のもとには当初「友野十郎・繁野八郎・禰津小二郎・舎弟修理亮・神家一族三十三人・繁野一族二十一人」などの信濃武士たちをはじめ、二万騎余が集まったという。尊氏は十六日の宗良たちによる攻勢にいったんは鎌倉から退くが、二十八日に再び戦ってこれを退け（武蔵野合戦《むさしのがっせん》）、三月十二日には鎌倉を奪還した。

信濃国の支援者たち

一方、京都では文和元年（一三五二）閏二月二十日、南朝方の北畠顕能《あきよし》・楠木正儀《まさのり》らが足利尊氏の嫡男義詮《よしあきら》を追って京都に入り、翌日には北朝の光厳・光明・崇光《すこう》の三上皇と廃太子された直仁《なおひと》親王が南朝の監視下に置かれた。しかし、こちらも三月十五日には義詮が京都を回復し、後村上天皇の入京は実現しなかった。ただし、このとき各地の南朝方が援軍を派遣しようとし、『太平記』には「信濃の下の宮も、神家・滋野・友野・上杉・仁科・禰津以下の軍勢を率いて同日信濃国をお発ちになった」とみえている。「信濃の下の宮」はいうまでもなく宗良のことで、信濃国を拠点とする親王として認知されていた。

これらの『太平記』の場面に、香坂氏の本家である望月氏が属する滋野一族（繁野八郎・禰津小二郎・舎弟修理亮）がみえていることは、大河原での支援体制が、香坂氏のみによって担われていたわけではないことを示しているだろう。そして滋野一族に加えて「神家」（諏訪神党）が一族で参加し、友野・上杉・仁科などの各氏が参じている。

　このうち上杉氏は、観応の擾乱にかかわって参じていた。また友野氏は伴野氏のことと思われ、佐久郡伴野荘《とものしょう》（佐久市）の地頭職を有し、小笠原長清を祖とした一族であった。鎌倉時代末期の伴野氏の惣領長房《ながふさ》は、直義と対立した高師直《もろなお》に従い、文和二年六月には足利義詮軍として戦っている。こうしたことから観応の擾乱においても、伴野氏惣領家は尊氏方にあったと考えられ、「友野十郎」の動きは惣領家の行動に反するものであったといえる。十郎は具体的に比定できないが、庶子家の動きであったと考えてよいだろう。

　仁科氏の左近大夫盛宗は、武者所二番に結番して建武政権の一翼を担う存在となっていた。また信濃国周辺の仁科氏の動向としては、康永四年（一三四五）に越後国で南朝方として挙兵しており、武蔵野合戦の翌年には小笠原長基《ながもと》と戦って敗れている。このときは香坂美作守も長基の攻撃を受けており、おそらく戦場は信濃国内であったと思われる。そして文和四年には、宗良のもとで「周防祝上下」とともに合戦に及んでいる。

　この「周防祝上下」は諏訪上・下社の神官一族を指していると思われ、それは足利方に属して武家被官となった諏訪氏とは別に、国内に留まって親王を助けた諏訪一族のことであったと考えられる。京都の洞院公賢は日記『園太暦《えんたいりゃく》』同年八月十七日条に、この両家が南朝方を援助しているがために「国中騒動」といった状況にある、と記録しているのであった。

吉野帰還

しかし、延文三年（一三五八）に新田義興が畠山国清《はたけやまくにきよ》に謀殺されると、南朝方の東国の形勢は大いに衰退した。そうしたなかで宗良の動向も確認できることが少なくなり、延文五年には後村上天皇から援軍を要請されるものの、思うように行動できなかったらしい。

そしてようやく吉野に帰ったのは応安七年（一三七四）のことで、後村上はすでに亡かった。その後いったん信濃国に戻るが、康暦二年（一三八〇）吉野に帰り、至徳二年（一三八五）八月ころ亡くなったと考えられている。

宗良親王を支えた人びと

七〇年余の生涯の大半を中部地方で過ごした宗良の主な支援者たちは、伊勢国では流通経済に関与する側面をもつ愛洲氏、東海地方では在庁官人を出自とする井伊氏や狩野氏、北陸地方では新田氏の影響下にあった人びとであった。そしてもっとも長期間にわたって支援を維持した信濃国における中心的な存在は、滋野・仁科・諏訪の各一族であった。むろん彼らによってのみ信濃国内の南朝方が保たれたわけではなく、その一族がもれなく行動を共にしたわけでもない。しかし、彼らが有力な支援者であったことは疑いない。そして滋野・仁科・諏訪の三氏は、古代以来信濃国内に土着した一族であり、それぞれの地域に根を下ろした存在であったという共通点を有する。

つまり信濃国における主要な支援者は、伊勢国の愛洲氏や遠江国の井伊氏とは少々異なる立場であったというべきだろう。愛洲氏や井伊氏は、どちらかといえば鎌倉幕府政治のなかでは阻害された存在であって、そのために建武政権の誕生とその復活に期待したものと考えられる。一方で信濃国では、幕府政治を主導した北条氏との関係が深かったことから、建武政権樹立には抵抗した諏訪氏や滋野一族などが、その後政権の復活を目指す動きに同調することになる。彼らの行動は一貫性を欠くように思えるが、その行動を支えた正当性はどこにあったのだろうか。政権復活の動きに連動して、諏訪氏らが戦った（拒絶した）相手はどのような存在だったのか。それは、大局的には室町幕府であったが、改めて草創期以降の幕府と信濃国とのかかわり合いを確認することで、その具体的な存在が明らかになるだろう。

室町幕府の迷走と観応の擾乱

混乱する幕府運営

足利尊氏・直義兄弟の指導体制で始動したとされる室町幕府は、近年では尊氏よりも直義が幕政を主導していたと考えられている。統治部門を担当したとされる直義は、所領の安堵（安堵方）や所領にかかわる訴訟（引付方《ひきつけかた》）、その訴訟の記録管理（問注所《もんちゅうじょ》）や手続きに誤りがあった場合の救済（庭中方《ていちゅうかた》）などを管轄した。

戦時下では、恩賞にかかわる所領安堵は随時必要であり、あるいは所領をめぐる紛争は各地で頻発した。そうした状況に直義は、さまざまな紛争や課題を実力（戦争）ではなく、裁判によって解決すべきという立場から、貞和二年（一三四六）には「故戦防戦」を禁じている。これによって、戦争を仕掛けること（故戦）はもちろん、仕掛けられた戦争に応じても（防戦）、正当な理由がなければ罰せられることになり、武士が慣習的に実践してきた「自力救済」による問題解決は否定された。こうした施策は、強力な武力を背景に一族を統率し、軍事指導者としてその武力を必要とした尊氏のもとに結集していた、高一族に代表される人びとには歓迎されなかった。

尊氏と直義が幕政内で担った職務は、どちらも必要不可欠なものであり、地域社会からの要請に応えるものであった。しかし、ふたりの立場の違いによって、地域社会が混乱する場合も発生した。たとえば、信濃国水内郡《みのちぐん》太田荘《おおたのしょう》大倉郷《おおくらごう》（長野市）の場合をみてみたい。太田荘は平安時代から摂関家領荘園としてみえており、鎌倉時代初期には郷名も確認できる。鎌倉時代には、大倉郷と石村郷《いしむらのごう》（長野市）の地頭職は北条実時が所有したが、そのほかの諸郷については島津《しまづ》一族が分割相伝したらしい。

太田荘大倉郷の場合

島津氏は、惟宗忠久《これむねのただひさ》が九州南部の日向・大隅・薩摩三ヵ国にまたがる近《この》衛《え》家《け》の大荘園だった島津荘の下司《げし》職《しき》を得たことによって、島津を名乗ったのが始まり、ともいわれるが詳細はわからない。太田荘との関係をもったのもこの忠久のときで、彼は承久《じょうきゅう》の乱の恩賞として神代郷《かじろごう》（長野市）などを獲得し、嘉禄三年（一二二七）には嫡男忠時《ただとき》がそれらを伝領している。

島津氏の本拠は九州であったから遠隔地の所領には代官が置かれたが、太田荘の場合は荘内長沼《ながぬま》（長沼）に一族が拠点をもって、長沼氏を称する者もあった。同荘は全体として島津一族の影響力が強かったとみられるわりだが、大倉郷は延慶三年（一三一〇）、石村郷は元弘二年（一三三二）に、北条氏から武蔵国金沢称名寺《かねさわしょうみょうじ》（神奈川県横浜市）に寄進されている。

鎌倉幕府が滅亡すると、建武三年（一三三六）十二月、直義は称名寺による大倉郷地頭職などの知行をかわらず認めている。ところが暦応元年（一三三八）正月には、尊氏によって、前年暮れの軍勢催促に応じたことに対するものと思われる勲功の賞として、同職は島津宗久《むねひさ》に宛行われてしまう。宗久は島津氏の惣領貞久《さだひさ》の嫡男で、太田荘石村南郷の地頭職も有していた。

これに対して称名寺は、同年四月に大倉郷への保巣長俊という人物の押妨に対する二度目の訴状と証拠書類を提出し、幕府はこの訴えを認めて同寺の権利を再確認した。そして、さらにその年の十二月には直義が、同郷地頭職を宗久に与えた決定は間違っていたとして、称名寺に返付したのである。

この大倉郷地頭職をめぐる混乱は、軍事行動の代償として所領の給付と安堵を実現しようとする尊氏と、禅宗や律宗などの寺院に関係する訴訟を管轄する禅律方《ぜんりつかた》も掌握し、紛争解決において従来の由緒を重視する直義の立場との違いを鮮明にしたといえるだろう。

しかしこの混乱は、このまま終息したわけではなかった。宗久は暦応三年（一三四〇）に没したが、その後も現地の代官たちによる濫妨は、称名寺の荘官からしばしば訴えられている。しかも、貞和五年（一三四九）には、宗久跡を押領している代官たちは「当知行人」と呼ばれ、諏訪上社御射山頭人役《かみしゃみさやまとうにん》にあてられているとも主張しており、大倉郷に対する島津一族の実質的な所領化は、着実に進展していったものと思われる。さらに彼らは、次第に高梨経頼とも結託して、当知行化を進めていった。

継続する島津氏の押領

経頼の拠点である高梨本郷（須坂市）は大倉郷の千曲川《ちくまがわ》対岸に所在し、両者は地縁的なつながりによって連携したと考えられる。これに対して幕府は一貫して称名寺の立場を認定し、守護や守護代に大倉郷に対する押領を停止させるように求めたが、島津氏がこれに従うことはなかった。島津氏のこうしたやり方について、称名寺の関係者は「当時の通法」と歎いており、幕府の指示を無視するような行動が島津氏に限られたものではなかったことを示している。そして、島津氏による継続的な押領の結果、幕府は延文元年（一三五六）、大倉郷地頭職などを宗久の父で島津氏の惣領貞久に安堵し、島津氏の実質的な知行を追認せざるを得なかったのである。

島津氏のこのような行動は、悪党の動きを想起させる。悪党と呼ばれた人びとの多くは、上部権力が地域社会に対する関与の方法を変更したとき、従来の正当性を根拠としてその変更に抵抗し、結果的には幕府からの討伐の対象となった。島津氏の場合、室町幕府草創期の施政の混乱から始まった押領行為だったが、周辺地域は島津氏の影響下にあったと考えられ、幕府の地頭職補任をめぐる混乱をきっかけに隣接地域への勢力伸長を図ったと思われる。

深まる地域社会とのつながり

こうした状況を勘案すれば、島津氏の行動に対する地域社会の合意は、ある程度得られていたと思われる。この点は悪党と呼ばれた人びとが、地域社会から一定の賛同を得ていたこととも重なり合う。しかし、悪党たちには地域社会に、彼らとは相容れない立場の人びとも存在し、そうした人びとが上部権力と結びつくことによって悪党と呼ばれることになった。一方で、島津氏は「当知行人」と呼ばれ、地域の重要な役負担である諏訪上社の御射山頭役を務めるほど存在を認定されていたのであり、高梨氏との連携なども含めて、より広く深く地域社会と合意し、根ざしていたといえるだろう。

悪党と島津氏との重要な違いは、地域社会との合意や連携の広がりと深まりにあったといえるのではないだろうか。そして、そのことを承知していた室町幕府は、違法な行動をとり続ける彼らを、安易に排除するわけにはいかなかった。むしろ彼らの存在を認めることで、地域社会の安定化を目指すという方針を最終的には選んだということであろう。島津氏の地域社会への浸透度が、大倉郷知行の正当性を裏づけることになったといえよう。また太田荘の事例は、室町幕府政治を牽引する尊氏と直義の立場の違いが、地域社会に混乱をもたらす場合があったことも示しており、次第に幕府政治の矛盾が表面化していったのである。

衆中一同の儀

草創期の室町幕府が、鎌倉時代末期以降に顕在化し始めた地域社会の問題に対して、一貫した姿勢を示せない状況下で、自力による問題解決を実現したのが高梨氏であった。称名寺と島津氏の間で、大倉郷（長野市）地頭職に関する問題が表面化し始めた暦応元年（一三三八）三月十八日、高梨経頼と経家《つねいえ》は、東条荘《とうじょうのしょう》（高山村）内の山田《やまだ》郷《ごう》小馬場《こばば》村《むら》についての相続争いを決着させている。この相論は、高梨定仏《じょうぶつ》の遺領を、女子源氏女と弟忠保とが争ったものであったが、これを「衆中一同の儀」によって、源氏女の主張を認めたのである。

このときの裁決状によれば、在国している者が今回のような国内問題の当事者となった場合「幕府の決裁を求めるには、上洛したり下向することで被告も原告も出費がかさんでしまうから、今後は一門の人びとが集まって判断することでそれぞれが賛同した」という。高梨氏が衆中一同の裁決を選択した直接の原因は、紛争当事者が経済的に大きな負担を強いられるという現実であった。こうした事態は、建武政権成立当初に、綸旨《りんじ》を求める人びとが諸国から遠近を問わず京都に上ったため、農業の妨げとなるような状態であったことを思い起こさせる。紛争当事者の出廷を求める幕府の裁判方法も、在国している人びとにとっては大きな負担だったわけで、高梨氏は彼らの経済的な負担を軽減しようとしたのだった。

そしてその一方で、経頼たちには、一族内の所領争いであれば、一族内で解決できるという自負も存在したであろう。彼らは裁決にあたって「自分の考えが及ばないことであっても私的な利害を交えず、親しいか疎遠であるか、好きか嫌いかといったことや、仲間とのつきあいに左右されず、道理にかなっているかどうかで判断する」ことを誓っている。そのうえで一族に対して「今回の件に限ることなく、今後もこうした裁決について不満を言うことはないようにせよ」と求めたのであった。

一族内紛争という限定つきではあるが、地域内紛争を自力で解決できる連携と信頼関係が構築されていたことは、今後国内で展開していく地域社会の動向を考えるうえでとくに注意しておきたい。混迷する中央政治のなかで、地域社会では自立の動きが育まれていったということだろう。

二人の指導者をもつという室町幕府の矛盾は、次第に両者の関係を悪化させていった。とくに幕政に積極的にかかわった直義と、尊氏の軍事力として台頭してきた高一族の対立は深刻化した。先に示した尊氏派と直義派の構成から考えれば、両者の協調が極めて困難だったことは明らかで、太田荘大倉郷（長野市）の事例は、その難しさを鮮明にあらわしているだろう。そしてその対立は、南朝勢力との戦いのなかで次第に深まっていった。

高一族と上杉氏

貞和三年（一三四七）、楠木正成の遺児正行《まさつら》を中心とした南朝勢力の活動が活発化する。正行は紀伊国隅田《すだ》城《じよう》（和歌山県橋本《はしもと》市）を攻略したのち、河内国に進んで九月十七日には藤井寺《ふじいでら》（大阪府藤井寺市）で細川顕氏《ほそかわあきうじ》を破った。さらに十一月には、摂津国住吉《すみよし》（大阪市）・天王寺《てんのうじ》（同市）で勝利するが、翌年正月、高師直に河内国四条畷《しじようなわて》（大阪府四條畷市）で敗れて戦死した。正行を破った師直は吉野に進軍し、後村上天皇は居所が焼かれたため大和国賀名生《あのう》（奈良県五條《ごじよう》市）に遷ったが、南朝方の抵抗はその後も継続した。その南朝勢力を掃討するため、四月に紀伊国へ派遣されたのが足利直冬《ただふゆ》であった。彼は、尊氏にとって嫡子義詮より年長の子息であったが、母の出自によって疎《うと》んじられ、仏門に入るところを直義が養子としてむかえた人物だった。

楠木正行を中心とした南朝の抵抗がひと段落した貞和五年、直義と高師直の関係はいよいよ悪化していった。尊氏は当初、両者の関係改善に努めたが、師直が直義を襲撃するという実力行使に及んで、ついに直義の政務を停止し、直義の側近である上杉重能《しげよし》を越前国に配流することとした。上杉氏は、丹波国上杉荘（京都府綾《あや》部市）を出自とする、勧修寺《かんじゅじ》高藤《たかふじ》流の実務官僚の一族であった。重能の曽祖父である重房《しげふさ》は建長四年（一二五二）、宗尊親王の鎌倉将軍就任に伴って鎌倉に下向する。その後、足利氏との婚姻関係を構築し、重能の伯母清子《きよこ》は尊氏と直義の母であった。足利氏の当主尊氏が、足利氏の執事である高一族を側近とした一方、直義は母方の一族で実務官僚出身であった上杉氏によって支えられていた。直義との立場の違いを鮮明にしていった師直にとって、直義同様、重能も排除すべき存在だったのであり、重能は配流先の越前国で殺害される。

観応の擾乱

師直の要求によって政務を停止された直義は、その後、禅僧夢窓疎石《むそうそせき》の仲裁で政務に復帰したが、貞和五年（一三四九）十二月に出家した。一方の尊氏は、九月には直義の養子となって長門《ながと》探題《たんだい》として中国地方にあった直冬追討を決め、翌月には鎌倉から嫡男義詮を入京させた。こうした経緯もあって直義は出家したと思われるが、次第に直義は不信感を強め、観応元年（一三五〇）十月になると京都を出て、十二月には南朝に帰順して、尊氏との関係は決裂した（観応の擾乱）。

このあと尊氏・高一族と直義・直冬・上杉氏両勢力は、南朝を巻き込んだ抗争を激化させる。南北朝内乱が全国に波及したひとつの要因は、後醍醐天皇による南朝拠点の全国展開にあったが、観応の擾乱はその混乱を一層複雑化・深刻化させたといえる。南朝は、直義主導による両朝合一が不調であったため尊氏と和解し、観応二年十一月には北朝の崇光天皇を廃位することに成功した（正平一統）。このときの尊氏と南朝の和解が表面的なものであったことはいうまでもないが、この和解を利用した尊氏は鎌倉の直義を攻撃、翌年二月に直義が殺害されたことによって擾乱にひとつの区切りがつくことになる。

擾乱と信濃国

この観応の擾乱は、信濃国守護職にも影響を与えた。観応元年（一三五〇）、直義が京都を出奔《しゅっぽん》すると、信濃国内では翌年正月に、守護として尊氏方と目された小笠原政長の館が攻められ、政長の弟政経《まさつね》や守護代兼経《かねつね》が敗退した。こうした国内の情勢を伝え聞いたと思われる政長は、ただちに直義方に参陣し、京都の屋敷を焼き払った。その後、擾乱は直義方優勢で小康状態となり、政長の動静も明らかではない。

しかし翌年、直義と義詮との関係悪化から、尊氏が直義追討の動きをみせて両者の関係が再び決裂した際には、政長は尊氏方に身を置いたらしく、尊氏からしばしば軍勢を催促されている。政長の守護職は尊氏によって安堵されたものであるから、彼が直義方に与《くみ》した段階で罷免されたと考えられる。その後、尊氏方に復するまでの期間、信濃国守護は不在であった可能性もある。

小笠原政長とは異なり、擾乱のなか一貫して直義方にあったのは諏訪氏の惣領直頼《ただより》であった。彼は、中先代の乱直後の建武三年（一三三六）、小笠原貞宗によって諏訪社大祝職に任じられた頼継《よりつぐ》で、頼嗣とも名乗り、直義から偏諱《へんき》を賜って、「直頼」と改めたとされる。

足利氏が建武政権を離脱する動きのなかで諏訪氏惣領としての立場に返り咲いた直頼は、偏諱を賜るほどに直義と結びついていた。信濃国において伝統的な権威をまとっていた諏訪氏が、おのおのの由緒を尊重する立場をとった直義に与したことは必然であった。直義が観応元年に京都を出たとき、同行したとされる知久四郎左衛門尉も諏訪一族と考えられ、信濃国内の直義方の軍事行動中には、しばしば諏訪直頼の名がみえる。直義にとって諏訪一族は、信頼すべき存在であったと考えられる。

室町幕府体制下の信濃国

幕府体制の整備と「薩埵山体制」

幕府と南朝の決別

観応《かんのう》の擾乱《じょうらん》によって混とんとした政治状況は、足利直義《あしかがただよし》の死によってただちに沈静化したわけではなかった。とくに観応二年（一三五一）十一月、擾乱に乗じて、足利尊氏《たかうじ》と講和して正平一統《しょうへいいっとう》を達成した南朝方は、京都と鎌倉という二大重要拠点を回復すべく、その動きを活発化させていった。

これに対し、幕府は東国と畿内における南朝方の動きを制圧、翌年の閏二月二十三日、南朝との講和実現によって使用していた元号「文和」を、改元前の「観応」に戻したことにより、わずか四ヵ月あまりで南朝との決別は決定的となる。

南朝と幕府の講和が解消するなか、足利尊氏にとって至急手当てをしなければならなかったことは、幕府の正当性の回復であった。このとき北朝の三上皇らは南朝方の手中にあり、北朝を復活させるために必要な在位経験者が存在しなかった。そこで窮余の策として、光厳《こうごん》・光明《こうみょう》両上皇の実母である広義門院《こうぎもんいん》に孫の弥仁《いやひと》の践祚《せんそ》を依頼し、文和元年（一三五二）八月に即位（後光厳《ごこうごん》天皇）させたのである。

一方、直義方のあらたな旗頭となったのは、直義の養子直冬《ただふゆ》であった。直冬は直義が殺害された当初は九州にあったが、形勢の悪化により中国地方に逃れ、文和元年十一月に長門国で幕府軍に敗れると、正平一統瓦解後の南朝に属したため情勢はますます混乱した。

直冬が合流した南朝方は、翌年五月に直冬が山陰道を東上すると、六月には京都を奪還するほどに勢力を回復した。しかし、翌月には義詮《よしあきら》が京都を奪い返し、九月になると関東から戻った尊氏も京都に入っている。そして文和三年四月には北畠親房《きたばたけちかふさ》が没する。後《ご》醍醐《だいご》天皇の側近として建武政権を支え、後醍醐亡きあとの南朝にとって精神的な支柱でもあったといえる親房の死は、その後の活動に大きな影響を与えた。

それでも同年五月、直冬が再び石見国から京都を目指すと、翌年正月には桃井直常《もものいただつね》などの南朝方が京都に入っている。しかしその後、幕府方との戦闘に敗退、三月には尊氏が京都を回復し、近江国に逃れていた北朝の後光厳も帰京した。

信濃国の情勢

南朝方は文和元年（一三五二）、征夷大将軍に任じられた宗良《むねよし》親王を中心に新田義興《にったよしおき》・義宗《よしむね》らが尊氏軍と戦って敗れたが（武蔵野合戦《むさしのがっせん》）、信濃国内では宗良を支えようとする勢力は健在だった。文和元年に守護職を与えられた小笠原《おがさわら》長基《ながもと》は翌二年七月、南朝方の仁科氏《にしなし》や香坂氏《こうさかし》追討のために出陣し、同四年五月には直義方の上杉憲将《うえすぎのりまさ》・禰津宗貞《ねづむねさだ》と合戦している。このとき義詮が「長基に協力しない者については、残らず名簿を提出せよ」と命じたのは、思うように南朝方の動きが鎮圧できない苛立ちのあらわれだろう。

実際、同年八月にも、宗良が諏訪氏《すわし》や仁科氏を率いて合戦を展開した結果、信濃国から馬が進上されず、天皇がその年の貢馬《こうば》を見るという儀式「駒牽《こまひき》」が中止された。その後、直義方の上杉憲将は、延文元年（一三五六）一月にも高井郡《たかいぐん》で合戦を展開した。

なお少々検討の余地があるとされるものの、矢島道念《やしまどうねん》がのちに書き残したとされる文書が残されている。矢島氏は、望月氏《もちづきし》の一族で佐久郡《さくぐん》矢島（佐久市）を拠点とし、木曽義仲《きそよしなか》の軍勢にも従い、承久《じょうきゅう》の乱では後鳥羽《ごとば》上皇側に与《くみ》したらしい。道念によれば、文和四年八月の戦闘は「大いに合戦す」と表現されるほどに大規模な衝突だった。このとき南朝方として諏訪から府中《ふちゅう》（松本《まつもと》市）に進軍した一族として、矢島氏のほか三輪《みわ》・栗田《くりた》・藤森・小出《こいで》・藤沢・千野《ちの》・香坂・知久《ちく》・平栗・早出・武居・上原・金子などが列記されているが、その多くは諏訪氏にかかわりのある一族であった。

これに対して幕府方は、長基を中心として、小笠原氏の一族や当時国府のあった松本周辺を拠点としたと考えられる山家《やまべ》・平瀬《ひらせ》などの各氏が、桔梗ヶ原《ききょうがはら》（塩尻市《しおじり》）に陣取って合戦したという。

尊氏による幕府運営

さて、南朝や直義との対立と混乱のなかで、各国の守護職を有するような有力な一族には強権的な行動をとる者もあらわれ、室町幕府の存在意義も不安定なものにならざるを得なかった。そこで尊氏は、複雑で時間のかかった裁判制度を簡素化し、直義にかわって行政を担当する義詮の権限を強化することによって、尊氏・義詮父子の権威回復を図りつつ、有力武士たちの動向を統制しようとした。

また、戦時にあっては、軍事費を現地で調達するため、本来であれば荘園や公領の領主におさめるべき年貢の半分を、守護が「半済《はんぜい》」として徴発することが認められ、現地では大きな負担となっていた。このため幕府は、文和四年（一三五五）の七月と八月に「半済令」として法令化して、一定の規制をかけようとした。半済令は本来、戦時下という条件のもとで地域を限定し、年貢を対象とする法令であったが、守護たちはこれを拡大解釈して土地の折半などを行なった。幕府はこうした動きを抑制しようとしたものの、彼らの権益は次第に拡大していった。

観応の擾乱経験後のこうしたいくつかの施策のなかで、東国社会にとってもっとも重要な変化は、「薩埵山《さったやま》体制」といわれる支配体制の実現であったといえるだろう。観応二年

（一三五一）、京都を出奔《しゅっぽん》した直義とこれを追った尊氏は、東海道の難所薩埵山（静岡市）で対戦、勝利した尊氏はその後の武蔵野合戦も制して直義方は敗退する。この薩埵山の戦いと武蔵野合戦の論功行賞の結果、確定した鎌倉周辺諸国の守護の配置を「薩埵山体制」という。多少時間差はあるが、最終的にこの体制が確立したとされる段階の守護職は、越後・上野両国は宇都宮氏綱《うつのみやうじつな》、武蔵・伊豆両国は畠山国清《はたけやまくにきよ》、相模国は河越直重《かわごえなおしげ》に与えられた。

薩埵山体制

そもそも薩埵山体制とは、尊氏の子基氏《もとうじ》が公方《くぼう》として統治していた、鎌倉府を支える体制として構築されたものであった。鎌倉幕府滅亡後に成立した建武政権と室町幕府は京都を中心的な拠点としたが、鎌倉の政治的・経済的な重要性は変わらなかった。建武政権下では、常陸・上野・下野・上総・下総・安房・武蔵・相模・甲斐・伊豆の関東一〇ヵ国を統治するため、鎌倉将軍府が設置され、元弘三年（一三三三）十二月十四日に後醍醐の皇子成良《なりよし》親王が、足利直義に奉じられて下向している。

その後の室町幕府体制下でも鎌倉の統治は重視されて、尊氏の嫡男義詮が配置され、斯《し》波家長《ばいえなが》や上杉憲顕《のりあき》、高師冬《こうのもろふゆ》らが順次補佐して、奥州《おうしゅう》の北畠顕家《きたばたけあきいえ》をはじめとする南朝方の抵抗に対応した。その後、観応の擾乱によって義詮が政務をみるため京都に移ると、貞和五年（一三四九）、九歳の基氏が鎌倉公方として下向したのである。まだ幼かった基氏のため、尊氏はその周辺を整備しようとしたのであった。そして尊氏が文和二年（一三五三）に鎌倉から帰京する際、基氏の居所を武蔵国入間川《いるまがわ》（埼玉県狭山《さやま》市）に移している（入間川御陣）。このことも、同様の配慮が働いたのだろう。

あるいは、入間川が鎌倉府管轄のほぼ中央に位置することから、薩埵山体制の一翼を担う相模国守護である河越直重をけん制しようとする意図や、越後国や信濃国を中心とした南朝勢力への対応といった目的も存在したであろう。また基氏が、尊氏自身が殺害を命じた直義の養子となっていたことを踏まえれば、実子とはいえ基氏に対する警戒感は皆無ではなかっただろう。基氏を足利一門である畠山国清のひざ元で監視する、という意味合いもあったと考えられる。

諏訪氏の転身

尊氏は、さまざまな施策によって社会状況の改善を目指したが、明確な効果をあげられないまま、延文三年（一三五八）に没した。同年嫡子義詮は、後継者として征夷大将軍に就任する。そして十二月二十二日の参賀には「諏訪信濃守」「同因幡守」「同越前守」らが供奉《ぐぶ》しており、このころには反幕府勢力の一翼を担っていた諏訪氏が幕府側に転じたと考えられる。

諏訪氏転身の背景には、幕府の奉行人を務め、延文元年に後光厳の外題《げだい》や尊氏の奥書を獲得して『諏訪大明神絵詞《すわだいみょうじんえことば》』を成立させた、諏訪円忠《えんちゅう》の存在があった可能性もあるだろう。彼がこの絵詞を制作した意図については、諏訪社や諏訪信仰の復興、諏訪社の北朝方への帰順、幕府体制下における自身の権威づけなどの側面が指摘されている。『太平《たいへい》記《き》』は、延文四年に南朝方を攻撃した義詮の軍勢として「諏訪信濃守」と禰津小次郎が従ったと伝える。「諏訪信濃守」は直頼《ただより》であったと思われるが、一方で直頼が、貞治四年(一三六五)に国内で守護小笠原長基と交戦していることは、彼の立場を考えるうえで重要である。

いずれにしろ、諏訪直頼が強力な牽引力を示さなくなっていったことは、南朝方にとって大きな痛手である一方、幕府にとっては体制安定化の重要な一歩であった。しかし、激動期を共に戦ってきた棟梁尊氏の死は、有力守護たちの動向を不安定なものにした。さらに勢いを回復した南朝の攻勢によって、義詮は康安元年(一三六一)に一時京都を追われることになる。そして、この一連の混乱のなかで、尊氏によって整備された東国の支配体制にもほころびがみえ始める。

鎌倉府の成長

畠山国清の西国遠征

延文四年（一三五九）十一月、将軍義詮は南朝勢力を掃討するための軍事行動を開始するが、これに東国の軍勢を率いて参加したのが畠山国清であった。国清は薩埵山体制下で、鎌倉公方を補佐する関東執事《かんとうしつじ》に任じられており、尊氏が基氏の後ろ盾としてもっとも期待した人物であった。彼はその期待を裏切ることなく、前年の十月には、東国方面で南朝方として粘り強く抵抗していた新田義興を謀殺している。義興の死によって、南朝方は抵抗の中心的な人物の一人を失い、その後の活動に大きな影響を与えた。

観応の擾乱当初、直義に従った国清は和泉・河内・紀伊各国の守護職を失ったが、その後、尊氏方に転じて信頼の回復に努めた。その結果、東国における立場は確立しつつあり、このときの遠征では失った守護職が回復され、国清にとっては西国での地位を強化する絶好の機会であった。東国勢を率いた幕府軍の一員としての軍事行動は年末に始まり、年が明けても継続された。しかし、延文五年八月四日、国清は突如として鎌倉に帰還してしまう。

その理由については、幕府軍内が統率不足であったために、幕閣の中枢にいた仁木義長《につきよしなが》との関係が悪化したことなどがあげられる。しかし、もっとも深刻であったのは、軍勢として動員された東国武士たちの士気であっただろう。今回の遠征は、国清にとっては重要な意味があったものの、東国武士には動員に対する十分な動機が存在しなかった。そうした戦闘を遠隔地で半年以上強いられたことに、不満を募らせた武士も多かったに違いない。『太平記』はこのときの国清勢について「長期の遠征によって馬や武具を売り払わなければならない状況に、東国武士たちは勝手に本国に帰って行った」と伝えている。おそらくこの記述は、実態に近かったと思われる。国清は、彼らの不満を無視できずに帰還せざるを得なかったのであり、国清が確立しつつあった東国における権威は著しく失墜した。

国清の失脚

国清が鎌倉に帰還したのちも幕府内部の混乱は深刻化する一方で、康安元年（一三六一）には執事の細川清氏《ほそかわきようじ》が若狭国に出奔した（康安の政変）。南朝は、こうした不安定な状況をついて一時京都を奪還するが、長く維持することはできなかった。そして国清の鎌倉帰還は、東国にも混乱を持ち込んだ。国清は、許可なく遠征から帰還した武士たちを厳しく処分したため、それを不満とした武士たちは鎌倉公方の基氏に国清の執事職罷免を要求したのである。

東国武士たちの強い要請を無視できなかった基氏は、遠征時の行動とその後の処置について国清に弁明を求めたが、康安元年十一月、国清は守護職を有していた伊豆国に立て籠もってしまった。

『太平記』によれば、このとき国清の弟義深《よしふか》は信濃国に向かい、諏訪一族が国清の動きに同調したといううわさがたったという。このうわさを裏づける史料はないが、これまでの諏訪氏と幕府との関係から考えればあり得ない話ではなく、だからこそ京都周辺では「貴賎騒ぎ合う」という状況に陥ったのであろう。

こうした行動に出た国清に対して、鎌倉公方の基氏は関東執事の職を解いて追討軍を派遣した。ところが、国清が粘り強い抵抗を展開したため、翌年八月には自ら伊豆国に出向き、九月になってようやく降伏させた。この国清の失脚は、尊氏によって編成された薩埵山体制の崩壊を意味したが、体制崩壊のもっとも象徴的なできごとは基氏の鎌倉入りであった。文和二年（一三五三）の尊氏帰京に際して、武蔵国入間川に移された鎌倉公方の居所は、国清追討をきっかけに鎌倉に戻ることになったのである。入間川御陣には基氏の子金王丸《こんのうまる》（氏満《うじみつ》）が残されたが、その後、基氏自身が入間川に戻ることはなかった。

自立する基氏

鎌倉に入った基氏は、国清の後任関東執事に高師有《もろあり》をあてた。高一族は直義と激しく対立して観応の擾乱の原因となったが、師有の父師秋《もろあき》は、高一族でありながら、直義の側近上杉氏の娘を妻とした関係から直義方に属していた。この関東執事の人事から、名実ともに鎌倉公方として成長した基氏が、尊氏の政治的な路線から、直義が目指した方向性に変更していこうとする意図が読み取れる。

そして、その意図が間違いないものであると確信できる人事が、貞治二年（一三六三）三月に実現した上杉憲顕の関東管領《かんとうかんれい》就任であった。憲顕は観応の擾乱で直義方の重要人物の一人として活躍し高師冬を甲斐国で打ち取ったが、武蔵野合戦で敗退したのちは越後国に逃れていた。

関東執事と関東管領

なお関東執事と関東管領というふたつの役職については、関東執事は鎌倉で任命できたらしいが、関東管領の任命権は幕府にあったことなどを含め、本来的には区別されていたと思われる。しかし、両職の任免時期には確定できない部分などもあり、残念ながらいまここで違いを明確にすることはできない。

それでも、関東管領職の任命権を幕府が握っていたことを踏まえれば、直義方の重臣憲顕の就任は一層重要な意味をもつ。基氏はこの人事について、将軍義詮の承認を事前に得たうえで、鎌倉に迎える準備を周到に整えていたらしい。基氏の強い要望によって、憲顕の関東管領就任が実現したと考えてよいだろう。

上杉憲顕の復権

基氏が憲顕の関東管領を強く望んだ背景に、基氏が直義の養子であり、直義の側近憲顕が基氏を「懐きそだて」たとされるほど、格別な信頼関係が存在したことは間違いない。また義詮にとっても祖母清子《きよこ》が憲顕の叔母にあたり、関東管領就任を容認しやすかったという事情があった。こうした義詮と基氏との関係によって、憲顕は幕府の命令を鎌倉府に取り次ぐという役割を担うことになるが、薩埵山体制に組み込まれていた人びとにとっては脅威であった。なかでも憲顕の復権によって、自らの権益に影響が出る者には重大な問題であった。

たとえば、宇都宮氏は越後・上野両国の守護職を獲得していたが、この守護職は憲顕が没収されたものであった。そのため関東管領として鎌倉に戻る際に、両国の守護職は憲顕に返還されることになった。当然のことながら宇都宮氏は反発し、とくに越後国内に基盤を築き始めていた家臣の芳賀禅可《はがぜんか》は激しく抵抗した。これに対して基氏は貞治二年（一三六三）八月に鎌倉から出陣、武蔵国の苦林野《にがばやしの》（埼玉県毛呂山町《もろやままち》）での合戦で禅可が敗れると、宇都宮氏綱は講和せざるを得なかった。

基氏による鎌倉府体制を刷新しようとする動きは、幕府方に属した新田一族の立場にも

図22　足利・上杉両氏関係略系図

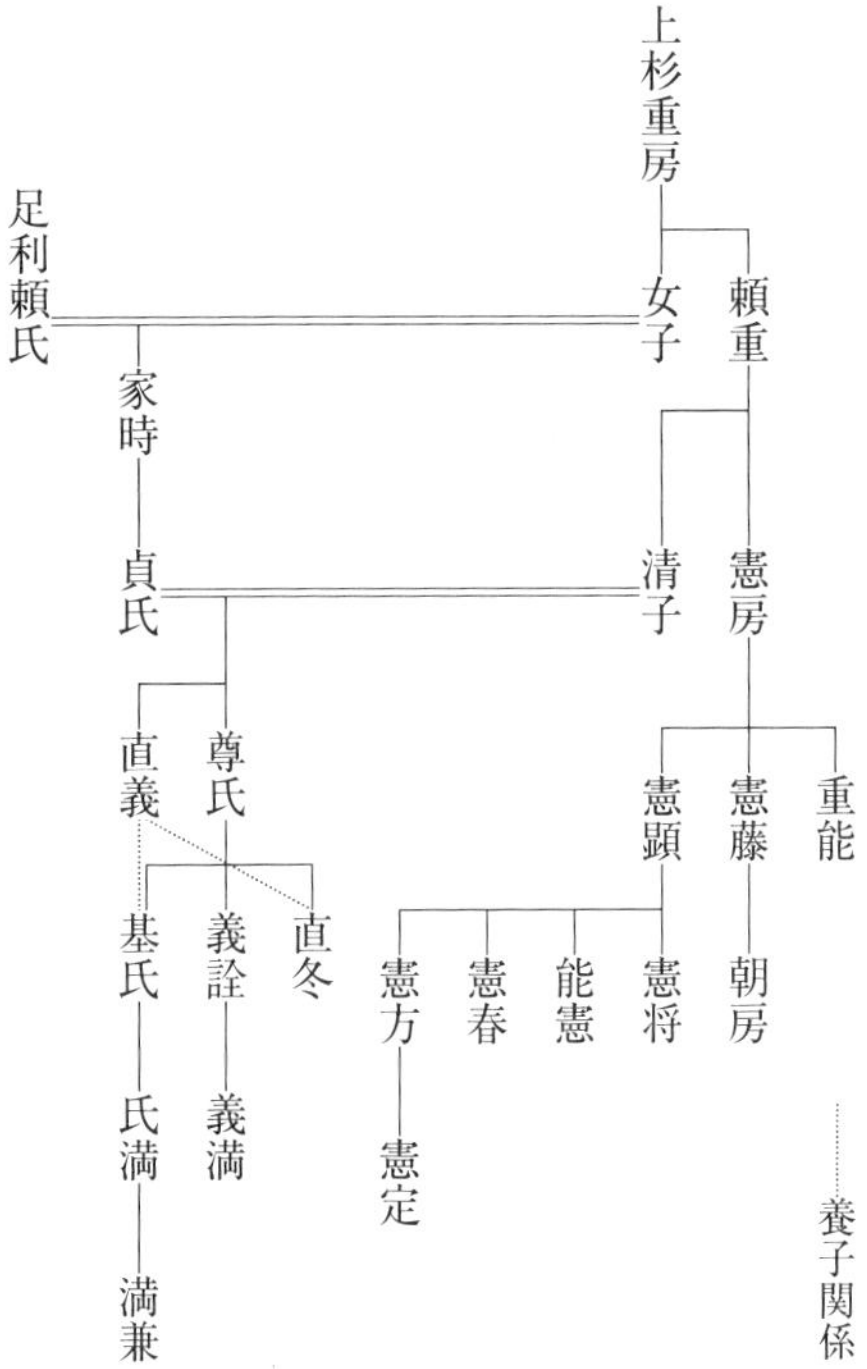

影響を与えた。新田一族のうち岩松《いわまつ》氏《し》は、倒幕運動が全国的な展開をみせるなかで鎌倉に留まり、その後、鎌倉を拠点とすることが多かった直義に従ったものと思われる。そして康安元年（一三六一）に、国清を討伐する際には中心的な役割を担った。貞治二年の氏綱との戦いでも戦功があって、おそらく観応の擾乱期に失ったと思われる旧領を回復している。

一方、岩松氏から同族の世良田《せらだ》氏《し》に入った義政《よしまさ》は、貞治三年に基氏に攻められて自害に追い込まれている。この一件は岩松氏と世良田氏という、新田一族内部の確執が原因であったとされている。しかし、世良田氏に替わって岩松氏が補された上総国守護職は、数ヵ

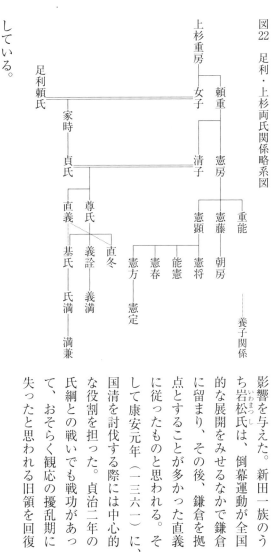

月後には基氏の側近上杉朝房《ともふさ》に与えられる。義政失脚事件も、基氏を中心とした鎌倉府体制構築の一環であったとも考えられる。

鎌倉公方と室町将軍の死

国清の失脚をきっかけに、鎌倉府体制のあらたな方向性を示した基氏は、貞治六年（一三六七）に二八歳という若さで没してしまう。このとき嫡子の金王丸はまだ九歳であったため、将軍義詮は幕府の重鎮佐々木道誉《ささきどうよ》を使者として下向させ、金王丸の家督相続と憲顕が引き続き関東管領を勤めることを認定した。鎌倉府が、幕府の統治下にあることを明確にするための処置であったといえるだろう。

その義詮は、貞治五年には斯波高経《たかつね》一族を越前国に追放する（貞治の政変）など、有力守護たちへの対応に追われるなか、基氏没後の鎌倉府に対する手続きが終了した貞治六年の年末に三八歳で没している。

将軍義詮が有力守護に翻弄され、鎌倉公方基氏が入間川御陣から鎌倉に入って鎌倉府をめぐる環境を整備するという状況のなかで、信濃国内でどのような動きがあったのか、詳細ははっきりとしない。しかし、南朝が四回目の京都奪還に失敗して後光厳が帰京した貞治元年六月、桃井直常が信濃国から越中国に進軍したと『太平記』が伝えている。桃井氏は上野国群馬郡桃井（群馬県榛東村《しんとうむら》）を出自とする足利氏の一族で、観応の擾乱では直義方として強硬な姿勢を示していたことで知られる。

このときの桃井直常の越中国進軍も、京都周辺の不安定な情勢に乗じた反幕府運動の一環であった。また貞治四年八月以降、基氏が高師義《もろよし》を凶徒退治のため信濃国へ派遣し、高尾張五郎・茂木朝音らに参陣を呼びかけた。小笠原長基は同年末から年明けにかけて、諏訪直頼や村上《むらかみ》・香坂・春日《かすが》・長沼《ながぬま》などの一族と一進一退の戦闘を展開している。このことは、信濃国内では内乱状態が継続し、室町幕府および鎌倉府の統治がいまだに十分機能していなかったことを示している。

平一揆の乱

とくに基氏の鎌倉における施政はわずかに五年ほどで、鎌倉府体制の整備はまだまだ不十分であった。このころ武蔵・相模両国の平姓武士が中心となって一揆を結び、平一揆《へいいっき》という集団を結成していた。基氏没後に関東管領の憲顕が鎌倉を離れて上洛すると、応安元年（一三六八）二月には彼らが蜂起し（平一揆の乱）、宇都宮氏綱や新田義宗もこれに同調した。この平一揆の動きは、鎌倉を目指すというような大規模なものではなく、武蔵国における自治を要求したものであったと評価されている。

上杉憲顕が京都から戻り、上杉朝房を大将として鎮圧にあたると、平一揆は閏六月には敗退した。同調した新田義宗は七月に、宇都宮氏綱も九月に鎮圧された。とくに義宗は戦死しており、南朝はまたひとり重要な人物を失うことになったのである。

なお、このとき鎮圧軍の大将を務めた上杉朝房は憲顕の甥にあたる。彼は基氏の側近であったことから、基氏没後の路線継承をアピールするという意図によって大将に任じられた側面もあると思われる。朝房はこのころには信濃国の守護職を有していたため、平一揆の鎮圧には市河氏《いちかわし》などの信濃武士も動員された。そしてこのときの功績を評価されたらしく、上杉憲顕が応安元年九月に没すると、憲顕の子能憲《よしのり》とともに関東管領に就任し、「両管領」として鎌倉府体制を支えることになった。

幕府と両朝の変化

鎌倉府が基氏・憲顕という中心的な人物を立て続けに失ったころ、京都では、貞治六年（一三六七）末の将軍義詮没後、嫡子義満《よしみつ》が幼少であったことから、管領細川頼之《よりゆき》を中心した体制で幕政が運営された。その体制下で発令された「応安の半済令」は、土地を対象とした半済を永続的・全国的に認めたものであ

図23　両統略系図

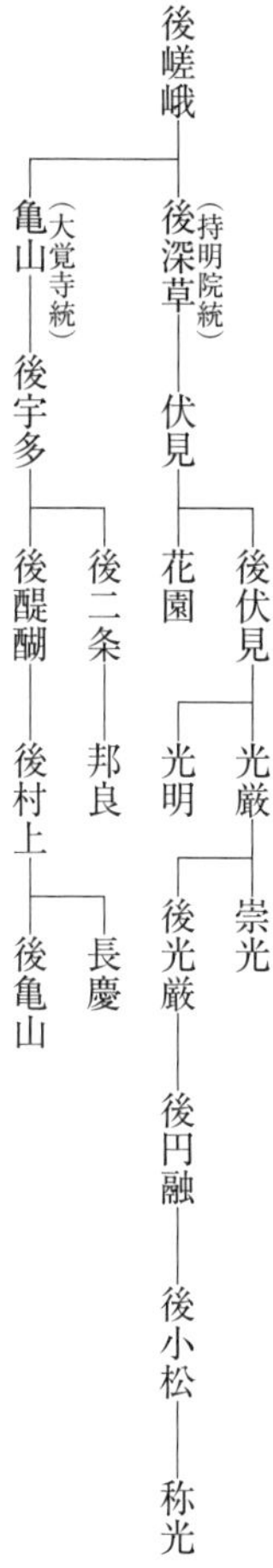

り、武家領の拡大につながったとされる。

また南朝では、応安元年（一三六八）三月に後村上天皇が没して、その皇子寛成《ゆたなり》親王が即位（長慶《ちょうけい》天皇）した。混沌とした情勢に対し長慶も強硬姿勢を維持したため、南朝方の中心人物の一人であった楠木正儀《くすのきまさのり》は幕府に投降する。このため、南朝方の形勢はいよいよ厳しいものとなっていった。

一方北朝では、応安四年に後光厳の意志によって子の緒仁《おひと》親王への譲位（後円融《ごえんゆう》天皇）が実現する。後光厳は観応二年（一三五一）、在位経験者不在のなかで義詮の強引な手段によって皇位に即いたが、二〇年に及ぶ在位期間は即位の正統性の欠如といった側面を覆い隠したといえる。

幕府と鎌倉府のはざまで——信濃国の管轄権

信濃国の管轄者

室町幕府体制下の鎌倉府は、設置された理由からも明らかなように比較的独立した存在であった。鎌倉府が管轄すべき諸国は、基本的に常陸・上野・下野・相模・武蔵・安房・上総・下総・伊豆・甲斐の一〇ヵ国であって、信濃国は本来、鎌倉府ではなく幕府の管轄であった。ところが、幕府と鎌倉府の管轄圏の境界に存在した信濃国は、南北朝内乱期に幾度か鎌倉府の管轄に編入されたと考えられている。こうした事態は信濃国の重要な特徴であることから、ここではとくにこの点に注目して、改めて国内情勢を追ってみたい。なお管轄変更の時期や期間などについては諸説あるが、花岡康隆氏の成果を参考に略年表を示しておく。

信濃国がはじめて鎌倉府に編入されたのは、暦応二年（一三三九）から康永三年（一三

表２　信濃国管轄者変更略年表

元号（北朝）	西暦	事　　項	管轄
建武３	1336	「建武式目」制定	幕府
暦応２	1339	関東執事高師冬の鎌倉下向	鎌倉府
康永３	1344	師冬の上洛	幕府
観応２	1351	４月以降，関東の足利直義方の優勢	鎌倉府
文和元	1352	足利尊氏の鎌倉下向	鎌倉府
文和２	1353	９月，尊氏の上洛	幕府
康安２	1362	これ以前，足利基氏が「薩埵山体制」刷新	鎌倉府
応安７	1374	上杉朝房の関東管領辞職	幕府
応永９	1402	幕府料所となる	

※花岡康隆「南北朝期における信濃国管轄権の推移についての再検討」『法政史学』70号，2008年より作成．

四四）の間とされる。このころ関東の南朝方は、北畠親房が入国した常陸国を中心として激しく抵抗しており、高師泰《もろやす》や師冬が鎮圧のために派遣されていた。信濃国内でも、新田一族を中心とした動きが確認される。また、関東の南朝方鎮圧軍に信濃国の武士たちも動員されており、一連の対応をとるための処置であったと思われる。

信濃国の鎌倉府管轄編入が解除され、幕府の管轄に戻ったとされる康永三年には、高師冬が関東の南朝方への対応にひと段落をつけて帰洛している。この師冬の動きがひとつの目安とされるわけだが、信濃国の守護職にあった小笠原貞宗は当時在京していたことが知られている。このころの幕府管轄諸国の守護たちは、特別な事情がない限り在京するのが一般的とされており、そうした意味では貞宗の行動に違和感はないといえるだろう。

小笠原貞宗と信濃国

しかし伊那郡大河原《いなぐんおおかわら》（大鹿村《おおしかむら》）には宗良親王がおり、まだまだ完全に鎮静化したわけではなかった信濃国内の騒乱に、守護貞宗は直接対処することはできなかった。たとえば貞和元年（一三四五）、信濃武士仁科氏を含む新田勢が越後国沼川《ぬのかわ》（新潟県糸魚川市《いといがわ》）で挙兵した際に、在国していない守護にかわってこれを鎮圧したのは長尾氏《ながおし》だった。長尾氏は、越後守護であり関東管領であった上杉憲顕の家臣で、鎌倉にあった憲顕の代官として越後国の統治にあたっていた。

信濃国も同様の体制をとっていたと思われ、守護の小笠原貞宗自身が信濃国内の情勢に関与する機会は少なく、地域社会との連携は希薄にならざるを得なかったであろう。こうした側面への配慮もあったのか、尊氏は貞和三年、信濃国内に散在的に存在する広大な春近領《はるちかりよう》の半分を貞宗に与えた。小笠原氏にとっては、実態を伴った信濃国進出のあらたな足がかりを得ることになった。

貞宗は康永三年（一三四四）十一月、信濃国内の権益を子息の政長《まさなが》に譲ることを表明したが、その譲状によれば伊賀良荘《いがらのしよう》（飯田市《いいだ》）のほか守護職も譲与の対象となっていた。守護職の任免権は将軍がもつ以上、信濃国守護職の譲与に関しては無効といえるが、同職を小笠原氏のなかで世襲しようとする貞宗の強い意志のあらわれといえるだろう。結局、貞和三年五月に貞宗が没する直前、政長は尊氏から信濃守護職を認められ、貞宗の希望はかなえられている。

擾乱の影響

しかし、その後に勃発した観応の擾乱は政長を翻弄し、信濃国の管轄も変更がなされた。信濃国は擾乱のなか、直義方の上杉憲顕が体制を整え始めた観応二年（一三五一）四月前後から、直義が没して尊氏が帰京する文和二年（一三五三）七月ころまで、鎌倉府の管轄下にあったとされる。この時期の信濃国守護は、直義が任命した諏訪直頼であったと思われる。観応の擾乱以前に、幕府から任命されていた小笠原政長は、当初直義方に属していたために罷免されたと考えられる。

擾乱が本格化する観応元年十一月、直義は南朝に投降して尊氏に対抗しようとするが、その後にいったん尊氏と直義が和解、翌年七月に再び関係が悪化すると、今度は尊氏が南朝と和解して南北両朝の合一が具体的に進展した。そして、十一月には北朝の崇光《すこう》天皇が廃されて正平一統が実現するが、十二月の薩埵山合戦の結果尊氏方の勝利が確定すると、両朝統一に向けた動きは頓挫する。結局、南朝の後村上天皇は入京できず、文和元年八月の北朝の後光厳天皇即位によって、再度両朝は分裂したのであった。

薩埵山合戦後、尊氏方に復していた小笠原政長は、すでに父貞宗が獲得していた春近領半分とともに、残り半分の春近領と国内の闕所地を配分する権利を与えられ、信濃国における基盤はますます強固なものとなった。ちなみにこのとき獲得した春近領半分は上杉藤《ふじ》成《なり》の旧領であったとされ、おそらく直義優勢の時期に彼の側近であった上杉氏に与えられたものであろう。文和元年には、政長の子長基が守護職に就いている。

信濃国周辺が南朝にとって重要な拠点であったことを踏まえれば、この時期に鎌倉府の管轄に入ったのも、南朝対策の側面があったと考えられる。もちろん当時の尊氏にとって当面の課題は直義対策であっただろうが、彼との対立によって息を吹き返した南朝への対応も重要だっただろう。

管轄変更当初は、直義の存在が影響したと考えられるが、尊氏が文和元年閏二月の宗良親王や新田一族との武蔵野合戦に勝利して、東国の支配体制（薩埵山体制）を整えてから帰京したことを踏まえれば、幼くして鎌倉公方となった基氏のための南朝対策という意味合いももった体制の完成によって、信濃国の管轄は幕府に戻された側面もあるだろう。

守護上杉朝房

尊氏が延文三年（一三五八）に没すると、成長した基氏のもとで鎌倉府体制は刷新され、貞治二年（一三六三）三月には関東管領に上杉憲顕が就任する。こうした流れのなかで、信濃守護も尊氏方にあった小笠原長基から、基氏の側近である上杉朝房への交替となったのであった。朝房は憲顕の甥であり、また憲顕の娘を室とする関係である。長基から朝房への交替時期については、朝房が信濃守護に在職した徴証とされる小県郡浦野荘《ちいさがたぐんうらののしょう》（上田市《うえだ》）にかかわる施行状の年号部分が不鮮明で、しばらく貞治五年とされていたが、同二年との指摘もある。

上杉朝房の守護就任の時期について、貞治二年とすれば憲顕の関東管領就任直後の就任であったことになる。また同五年であったとすれば、鎌倉府の権限拡大の最終段階が朝房の守護就任ということだろう。いずれにしろ朝房の信濃守護就任は、基氏が独自に進めた東国支配体制構築の一環であったことは間違いない。そしてこの人事は、貞治四年八月以降、信濃国内の凶徒対治のために高師義《こうのもろよし》が派遣されていることを踏まえれば、国内の南朝勢力に対応することが目的であったことは明白であろう。このときの鎌倉府管轄入りも、南朝勢力の存在が信濃国の管轄者を変更させたのである。

朝房は、基氏の期待に応えて、基氏急死後の混乱は関東管領の憲顕を支えて乗り越え、信濃国内の南朝勢力に対応した。憲顕没後の関東管領には、憲顕の子の能憲と朝房の二人が就任し、その翌年の応安二年（一三六九）十月上旬には、基氏の嫡子で二代目鎌倉公方氏満の命を受けて、小山《おやま》・宇都宮・千葉《ちば》・佐竹《さたけ》などの諸氏とともに大河原（大鹿村）の宗良を攻めている。

さらに翌応安三年正月、上野・武蔵両国に侵入してきた新田勢の馬淵氏《まぶちし》らに、畠山基国《もとくに》とともに対応して敗走させたが、馬淵氏らは二月に信濃国で再蜂起する。この鎮圧には八ヵ月を要し、鎌倉に戻ったのは十月半ばであったという。朝房はこれらの軍事行動に、関東管領と信濃国守護のふたつの立場から参加したと考えられる。

混乱する守護補任

ただし、小笠原長基も守護として、貞治五年（一三六六）正月まで諏訪氏や村上氏などの南朝方と戦っていたとみられる。また、応安三年（一三七〇）には市河頼房《いちかわよりふさ》に、兵糧料所を預け置いている。すなわち上杉朝房の信濃守護就任が貞治二年であったとしても、同五年であったとしても、長基も守護職に在任していたことになる。このような「守護二人制」とも理解される状況が、少なからず地域社会に混乱を生じさせたことは当然であった。

その一例として、応安三年四月に長基によって市河頼房に預け置かれた常岩南条《ときわなんじょう》（飯《いい》山《やま》市）が、二ヵ月後の六月には、朝房によって藤井下野入道に安堵されたという事態をあげることができる。

上杉朝房が信濃国内の南朝勢力への関与を積極的に進めた結果、その活動は次第に鎮静化していった。朝房は憲顕の娘と姻戚関係にあったことなどから、憲顕の鎌倉府運営に協力していたが、そもそも活動の拠点は京都にあった。こうしたことが影響したのか、朝房は次第に関東管領の辞職と京都への帰還を望むようになったらしく、応安五年十二月以降に関東管領を辞職したと思われる。その後、京都と鎌倉を行き来するが、永和二年（一三七六）九月までには京都に拠点を移して将軍家に奉公したという。信濃守護職についてはその後も維持したらしいが、朝房の京都帰還によって信濃国の管轄は幕府に復することになり、以後は信濃国が鎌倉府の管轄下に入ることはなかった。

幕府と鎌倉府の緊張関係

鎌倉府の信濃国に対する権限は、康安二年（一三六二）から貞治四年（一三六五）の間に拡大していったとされる。鎌倉府の権限が拡大されるなかでも、小笠原長基は守護としての立場を放棄せず、また幕府側も一定の影響力を信濃国に残すために彼の立場を否定しなかったと思われる。

信濃国の数度にわたる鎌倉府管轄入りの背景には、東国および信濃国内の南朝勢力の回復という事情が存在していた。管轄者の変更は、紛争地域に対してより強力な軍事力を投入するための措置であり、眼前の最重要課題への幕府と鎌倉府の主導権争いといった側面も垣間見える。こうした両者の緊張関係が、信濃国の守護の存在を「守護二人制」とも言い得る曖昧なものにするような状況を生み出し、その後、その関係性が一層深刻化することによって、信濃国は幕府の直轄領となるのであった。

義兵を捧げた人びと——守護代への抵抗

継続する信濃国内の争乱

信濃国にあって、長く南朝方を支えた勢力も次第に減退し、組織的な抵抗はみられなくなっていく。ただし南朝勢力の衰勢によって、ただちに国内での武力衝突が鎮静化したわけではなかった。そうした状況は、観応の擾乱期に一貫して足利直義方に身を置いた諏訪直頼の行動を振り返ってみれば明らかだろう。

諏訪直頼は、延文三年（一三五八）末には、将軍足利義詮に恭順の姿勢を示したとみられる一方、貞治四年（一三六五）筑摩郡塩尻郷（塩尻市）では、上杉朝房の守護職就任後もなお守護としての地位を維持しようとしていた小笠原長基と戦っている。長基と合戦に及んだ原因ははっきりしないが、諏訪上社領をめぐる軋轢《あつれき》が発端ではなかったかと推測されている。

長基が義詮に任命された守護であったことを踏まえれば、直頼は中央の政治的背景や動向よりも、彼が基盤とする地域社会の権益維持に、より強い関心を向けていたということだろう。

村上氏の動向

こうした傾向は、建武政権や室町幕府草創期に、信濃国内の軍事的指導者の一人として期待された村上氏にもみられる。信濃国における有力武士として認知されていた村上氏は、鎌倉幕府滅亡後、守護と並ぶ惣大将軍として、国内情勢に対応していた。そして、後醍醐天皇と足利尊氏の関係が決裂すると、当初は建武政権側の軍勢に加わった。

ところが建武四年（一三三七）正月、村上信貞《のぶさだ》は新田義貞《よしさだ》が籠る越前国金ケ崎城《かながさきじょう》攻撃に参加している。また翌年には、水内郡《みのちぐん》太田荘《おおたのしょう》（長野市）での紛争解決を命じられるなど、その行動から幕府にとって重要な存在となっていたとみられる。

その後の観応の擾乱における村上氏の動向ははっきりしないが、文和四年（一三五五）十一月七日、村上貞頼《さだより》は山城国平等院《びょうどういん》（京都府宇治《うじ》市）の末寺善縁寺《ぜんえんじ》の下司職《げすしき》などへの押領を止められており、畿内周辺に拠点をもって活動する一族も存在したらしい。また村上正貞《まささだ》は応安七年（一三七四）九月二日、武蔵国称名寺《しょうみょうじ》が嘆願した寺の敷地問題などの解決に関与し、鎌倉に拠点をもつ一族も存在したと思われる。

一方、信濃国では、幕府が貞治三年（一三六四）四月八日に、信貞の子息師国《もろくに》に更科郡《さらしなぐん》小谷荘《おうなのしょう》（千曲《ちくま》市）の押領問題の解決を命じている。当時の信濃国は、その管轄権が幕府にあるのか、あるいは鎌倉府にあるのか曖昧な時期であり、守護上杉朝房の影響力も盤石ではなかったと考えられる。そうしたなかで幕府は、地域内の実力がもっとも評価できる存在として村上氏を選択したのであろう。畿内や鎌倉に拠点を移す一族もいたが、本拠地信濃国内の村上氏も健在であった。

強まる村上氏の立場

応安三年（一三七〇）、上野・武蔵両国に侵入した新田勢の馬淵氏らが上杉朝房や畠山基国に敗れたのち、信濃国で再蜂起したことは先にふれた通りである。馬淵氏が信濃で再蜂起できたのは、実は前年九月の段階で、すでに高井郡内で村上氏らが蜂起していたからであった。馬淵氏らは彼らに同調して上野国などへ侵入し、敗退後は信濃国内で合流したのであろう。

このとき高井郡では、春山城《はるやまじょう》（長野市）が応安二年九月から翌年二月まで籠城を余儀なくされたため、守護朝房の弟朝宗《ともむね》が信濃国に入り、その後に朝房自身も入国すると形勢は一転したらしい。

合戦の舞台は次第に西へ移ったとみられ、十月には水内郡栗田城《くりたじょう》（長野市）で攻防戦が繰り広げられたという。栗田城の城主栗田氏は村上一族であり、春山城から栗田城までの朝房勢の進軍ルートに村上一族の拠点が散在することから、この騒乱の中心的な存在は村上氏であったと考えられるのである。村上氏がなぜこうした行動に出たのかは明らかではないが、幕府との関係が一定程度保たれていたと思われるなかで、南朝方の動きに連動したかのような行動をみせているのは、彼らもまた行動の基軸を国内権益の維持に移していったためと考えてよいだろう。

斯波氏の守護補任

信濃国内の武士たちの行動原則が、次第に中央政治の動向に左右されなくなっていくという状況のなかで、信濃国が幕府の管轄下に入ると、守護職には斯波義種《よしたね》が任じられた。斯波氏は足利一門のなかでも有力な一族であったが、貞治五年（一三六六）に父高経が兄の義将《よしゆき》とともに失脚した際には（貞治の政変）、義種も一時都を離れることになる。しかし、翌年高経が没すると、幕府は義種らを赦免した。その後、康暦元年（一三七九）兄の義将が管領として中央政界に復帰したことによって、義種も至徳元年（一三八四）に信濃国の守護職を獲得したとされる。義種は多くの守護たち同様に在京したため、国内の統治を任された守護代二宮《にのみや》氏が、同年中には信濃国に下向したらしい。

下向した二宮氏の統治方法はかなり強引なものであったようで、その様子は京都東福寺《とうふくじ》海蔵院《かいぞういん》（京都市）が作成した年貢の決算書から明らかになる。至徳元年、同院には、水内郡太田荘内氏村名（長野市）などから五八貫文の年貢が納入されたが、南郷分の四二貫文は二宮氏に押領されてしまったと報告している。また支出分には、二宮氏が下向してきた際の接待料として土産物代や蠟燭代など一〇貫文が申告され、二宮氏の下向に関連して生じた損失と支出は都合五二貫文であった。結局この年は二宮氏の接待料以外にも支出があって、合計が八二貫三〇〇文となり、納入された年貢を二四貫三〇〇文超過することになったのである。

また義種は至徳二年二月、市河頼房に高井郡中野郷西条《なかのごうにしじょう》（中野市）・志久見山《しくみやま》（栄村《さかえむら》）・上条牧《かみじょうのまき》（山ノ内町《やまのうちまち》）などの地頭職《じとうしき》を本領として安堵している。この市河氏は草創期から幕府に協力的で、七月には義種から一族に守護代の命令に従うように求められている。市河氏は守護義種からの要求に応えて、この年の末には信越国境付近での戦闘に守護方として参加したらしい。

市河氏の動向

市河氏の主要な活動拠点は、一貫して高井郡周辺であったが、もともと市河氏は甲斐国出身の一族であった。彼らは、高井郡に所領をもつ中野氏との姻戚関係を足掛かりに、この地域に進出していた。そして、その権利は中野氏との訴訟を経て鎌倉幕府によって認定されたという経緯があり、本来地域に根ざした一族ではなかったという出自も、幕府権力の庇護下に入ろうとする動きに少なからず影響していたであろう。

しかし、そうした市河氏も、当時この地域に生じたさまざまな問題を、周辺他氏と共有していたことは間違いない。立場の違いから、それぞれが異なる行動をとらざるを得ない場合があったことは、互いに理解できたものと思われる。

至徳三年（一三八六）七月、市河氏は、高井郡小菅《こすげ》神社（飯山市）の別当《べっとう》が守護方に味方しないため、「器用の仁」に改めて忠節をいたすように仰せつけよ、と守護代から命じられている。神社周辺では、延文元年（一三五六）十月に高梨氏《たかなしし》が用害を構えて戦っており、小菅神社には高梨氏が深く関与していたと思われる。そしてこのときの戦いにも市河氏は参加しており、この地域では両氏の権益がぶつかり合っていたのであろう。

こうした関係から、義種は小菅神社別当の処置を市河氏に委ねたと考えられるが、高梨氏がそのまま受け入れるはずもなく、おそらくこの件をめぐって合戦に及んだ模様で、八月には義種が市河氏の軍忠を賞し、一族たちが討ち死にしたことを悼んでいる。守護方はこの地域に影響力をもち、対立的な立場にある高梨氏を排除するために、彼らとの間で何らかの問題を抱えていた市河氏を利用しようとしたのだろう。しかし、市河氏にとっては多くの犠牲を強いられることになったのであった。

信濃国内で守護方に同調しない勢力を強引に排除しようと現地で直接指揮をしていたのは、守護代の二宮氏泰《うじやす》の子息種氏《たねうじ》であったらしい。その種氏に対して嘉慶元年（一三八七）四月二十八日、村上頼国《よりくに》・小笠原長基・高梨朝高《ともたか》や、太田荘長沼（長野市）を本拠とした島津氏《しまづし》の一族長沼氏などが善光寺《ぜんこうじ》で挙兵した。このうち長基は、守護職在任中しばしば地域勢力と対峙していたが、守護職解任後は国内の権益を維持・確保するために、これまで対決してきた人びとと結託したのであった。長基の行動にも、中央政界の動向以上に地域社会における自らの立場を重視する様子がうかがえる。

「義兵」を捧ぐ

彼らの動きに現地で対応したのは市河頼房であったが、頼房は村上氏たちを「凶徒」と称する一方で、彼らが「善光寺において義兵を捧げた」と報告している。この「義兵」ということばは、多くが後醍醐の鎌倉幕府打倒を呼びかける綸旨《りんじ》に用いられている。あるいは、北畠顕家没後に鎮守府将軍として奥州経営にあたっていた弟の顕信《あきのぶ》が、観応の擾乱に乗じて勢力を回復した観応二年（一三五一）十一月、結城朝常《ゆうきともつね》に対して旧領安堵と新恩給与を約束し、味方として「義兵を挙げる」ように求めている。また、観応の擾乱で尊氏方に与した安芸国守護武田信武《たけだのぶたけ》勢に参陣した熊谷直平《くまがいなおひら》も、信武が「義兵を揚げられた」と称している。このようないくつかの用例を勘案すれば、「義兵」は正当性があると主張したい挙兵について用いられたと思われる。

市河氏の立場

「義兵」ということばが、こうした意味合いを含んでいたとするならば、なぜ守護方の市河氏は、敵対する村上氏らの挙兵を「義兵」と称したのであろうか。しかも「義兵を捧げる」という表現には、彼らの挙兵に対する市河氏の共感のようなものが感じられる。信濃国内では守護斯波氏の就任以来、守護代二宮氏による押妨や、小菅神社別当職人事にみられたような、地域社会への強引な介入が続いていたと思われ、そうした実情は守護方に属した市河氏も認識していたであろう。彼らの実体験が、村上氏らが挙兵したことへの理解に通じて、「義兵を捧げる」ということばを選ばせたのではなかったか。

しかしその一方で、地域での活動経験が比較的浅い市河氏には守護という後ろ盾が必要だったのであろう。善光寺で挙兵した村上氏らが、嘉慶元年（一三八七）閏五月二十八日には守護所のある平芝《ひらしば》（長野市）に来襲したため、市河頼房は守護代の二宮種氏に従って漆田《うるしだ》（長野市）で合戦している。こうした状況に、種氏の父氏泰も急遽現地入りしたらしく、頼房は彼を越後国糸魚川（糸魚川市）に出迎えている。合流後、頼房は二宮氏泰とともに、常岩中条《なかじょう》（飯山市）で村上氏や高梨氏に同調した人びとと戦った。

しかし、ここでも村上氏らの抵抗を完全に鎮圧することができず、八月二十七日には善光寺横山《よこやま》（長野市）に攻め寄せた村上氏と合戦に及び、防戦した頼房は自身の乗馬が怪我を負ったほか、若党ひとりが討ち死にし、数十人が負傷するという大きな被害をこうむった。

小笠原氏と諏訪氏

なお、村上氏とともに義兵を捧げた小笠原氏も、嘉慶元年（一三八七）七月九日に伊那郡田切《たぎり》（飯島町《いいじまちょう》）で幕府に帰順した諏訪氏と戦って、合戦には敗れたものの大将の諏訪左馬助を討ち取っている。同十六日に足利義満が諏訪上社の社領を安堵しているのは、幕府が諏訪上社に強い関心を寄せていたことのあられであろう。その後、両者は九月二十六日に筑摩郡《ちくまぐん》熊井原（塩尻市）で再び合戦し、このときは小笠原氏が勝利したらしい。諏訪氏はこの合戦についても軍忠を賞されているが、そのなかで「下宮遠江入道の振る舞いは言い訳しがたいもので、厳しく処分するように」と幕府から求められている。諏訪下社の人物が小笠原勢に加勢したとの情報があったと思われ、その処分を要求されたのだろう。

諏訪下社の動向については、文和四年（一三五五）八月、諏訪一族の多くが宗良親王に応じて小笠原長基と激戦を展開したことを伝える文書に、「この合戦に下社の金刺氏《かなさしし》や山田氏が馳せ参じないのはどうしたことか」との注記がすでにみえている。南北朝内乱が長期化するなかで、諏訪氏内部も統一した行動はとりにくくなっていったのであろう。そして貞治五年（一三六六）二月九日には、小笠原長基が「今度の合戦の勝利」などのために、筑摩郡塩尻郷（塩尻市）の一部を下社に寄進している。長基は前年末に同郷内で諏訪直頼らと戦い、戦闘は翌年正月にも展開されている。もし諏訪上社と下社の行動が一致していたとすれば、長基の下社への寄進は考えにくい。このことを踏まえれば、両社の行動はこのころには分裂していたと思われる。

下社が、国内の権益を次第に拡大していった小笠原氏を新たな庇護者として選択する一方、地域社会で格別な立場にあった上社は彼らと対峙する立場を堅持したのであろう。そのような上社の立場を前提とすれば、嘉慶元年の小笠原氏との抗争は、守護方に与したというよりも、彼らと対決すること自体に重大な意味があったと考えられる。諏訪上社の姿勢は、反小笠原氏で一貫していたのであった。

斯波義将の守護就任

至徳元年（一三八四）に斯波義種が守護に就任して以降も、信濃国内の情勢は安定しなかったことから、嘉慶元年（一三八七）には兄義将が守護職に就いた。管領として幕府の中枢にあった義将は、義種が掌握していなかった兵糧料所の配分権を獲得し、国内への影響力を強めていった。在京する義将からこの権限を委任された守護代の二宮氏泰は、嘉慶二年八月、前年の村上頼国らの挙兵を義兵と報じた市河頼房の恩賞に加佐郷《かさのごう》内新屋（中野市）を兵糧料所として預け置いている。また同年十二月には、同じく守護代を介して水内郡大滝村《おおたきむら》（飯山市）などの所領を右衛門蔵人という人物に安堵している。

しかし、康応元年（一三八九）、一〇年前に義将が主導した康暦元年（一三七九）の政変で失脚した細川頼之が赦免されると、次第に中央政界での立場は不安定化したようで、明徳二年（一三九二）には管領を辞して領国の越前国に帰った。こうした義将の立場の変化を敏感に察知したのが、高梨朝高であった。

高梨朝高は、明徳三年三月、幕府に対して彼とその一族の所領を注進し、「在国の者のなかには、まだ数箇所子細を申し上げたいところがありますが、それについては追い追い言上させますので、ひとまずこのように当知行している場所を申し上げます。朝高も将軍のもとに参上して奉公忠節を致しますので、これらを安堵していただきたい」と申し出ている。おそらく義将による国内掌握が進むなかで高梨一族の所領にも少なからず影響があったと考えられ、義将の管領辞職を好機として幕府からの保証を獲得しようとしたものと思われる。

南北朝合一

信濃守護の斯波義将と守護代の二宮氏泰による統治は次第に信濃国内に浸透し、各地の南朝勢力の活動もほぼ鎮静化した。一二歳で将軍職に就いた足利義満は、管領の斯波義将と細川頼之に支えられて幕政にあたったが、明徳二年（一三九一）には一一ヵ国の守護職をもち、「六分一殿」と呼ばれた山名《やまな》氏《し》を粛清（明徳の乱）するなど、成長するに従ってその立場を強固なものにしていった。そうしたなかで明徳三年正月、楠木正成《くすのきまさしげ》の孫正勝《まさかつ》がよっていた河内国千早城《ちはやじょう》が陥落すると、いよいよ南朝の劣勢は覆いがたいものとなった。

そして同年十月、両朝の講和が成立して南朝の後亀山《ごかめやま》天皇が京都に還り、閏十月五日に神器を北朝の後小松《ごこまつ》天皇に譲って両朝の合一が実現する。北朝を利用して権威を高めていた部分もあった将軍義満にとって、南朝から正式な手順に従って神器を奪還し、北朝の正統性を確保することは重要な意味をもっていた。事実上、有名無実化していた南朝は、わずかに吉野《よしの》に拠点をもつことでその存在を示していたが、その拠点すら消滅したことによって実態も失い、名実ともに南朝の活動は終息することになった。

合一後の信濃

しかし、信濃国内の情勢は両朝の合一によって大きく変化したわけではなく、内乱期にさまざまな形での結束を実現した地域有力者たちが、このあと激しく守護と対立することになる。

なお、南朝の後亀山は両朝が対等な立場にあり、後小松後の皇位は両統迭立《りょうとうてつりつ》とすることなどを前提として合一に同意していた。そのため、後小松皇子躬仁《みひと》親王への譲位の動きが生まれると、両統迭立の約束を違えることに対する抗議のためか、応永十七年（一四一〇）に再び京都を出て吉野に入り、同二十三年には大覚寺《だいかくじ》に還御、同三十一年に崩御した。

この間、応永十九年に躬仁が即位（称光《しょうこう》天皇）すると、南朝系への皇位奪還の動きが断続的に発生したものの、大きな流れを生み出すには至らなかった。

大塔合戦——守護小笠原氏VS一同之一揆

小笠原氏の守護復帰

足利義満が将軍として幕府内での立場を確立していくなかで、幕府の重臣細川頼之が明徳三年（一三九二）に死去すると、斯波義将は改めて幕政に関与し始め、明徳四年には管領に復帰した。その二年後の応永元年（一三九四）、義満が将軍職を嫡男義持《よしもち》に譲り、翌年六月に出家して道義《どうぎ》と号すると、義将も従って出家し道将《どうしょう》と号している。しかし、義満と義将は幕政から隠退したわけではなく、八月には探題《たんだい》として九州における地位を築き始めていた今川了俊《いまがわりょうしゅん》を京都に召還した。

その後、応永五年に義満が北山第《きたやまだい》に移住したことをきっかけとしたのか、義将が管領職を辞している。義将の後任には、両朝合一のきっかけとなった千早城攻略後、明徳の乱でも功績を重ねた畠山基国が、斯波・細川家以外ではじめて就任した。そして、斯波家の家督は、このころには義将の子義重《よししげ》に相続されたとみられ、信濃国の守護職にも義重が就いていたと考えられる。こうした変化を巧みにとらえたのが小笠原長秀《ながひで》であった。

長秀は、父祖伝来の信濃国守護職を斯波氏に替えられたため、国内の有力者たちと結託して守護斯波氏の支配に抵抗した長基の子であった。長基は国内では守護の対抗勢力であったが、幕府に対して反抗的な行動をとっていたわけではなく、明徳の乱では幕府軍に属して戦功をあげている。そして息子の長秀を在京させて将軍義満に出仕させたらしく、長秀は明徳三年の相国寺《しょうこくじ》（京都市）落慶供養《らっけいくよう》に供奉している。

こうした長基の配慮が功を奏したのか、長秀は応永五年八月、義満から信濃国安曇郡住吉荘《あずみぐんすみよしのしょう》（安曇野市）と春近領を返付された。この処置の背景には義満との関係構築とともに、長秀の母が六月にあらたに管領となった畠山基国の娘であったことも影響したと思われる。そして吉田《よしだ》神社（京都市）の祠官吉田兼敦《かねあつ》の日記によれば、長秀は翌応永六年、宿願の信濃守護職を獲得したらしい。

信濃国内の抵抗運動

しかし、小笠原氏から斯波氏への守護職交替以降も、変わらず守護方として活動していた市河頼房によれば、小笠原長秀が信濃国に下向した当初は、守護代官という立場だったらしい。小笠原氏による国内統治に対しては長く抵抗運動があって、長秀の守護代官としての入国にもさっそく反発が起こった。市河頼房は応永六年（一三九九）十月、長秀が入部することに反対して嗷訴《ごうそ》に及んだ島津国忠《くにただ》と、水内郡石渡《いしわた》（長野市）で戦っている。

その後、大内義弘《おおうちよしひろ》が蜂起して和泉国に立て籠もったので（応永の乱）、長秀は大将畠山基国の軍勢に加わるため、十一月六日に伊那郡伊賀良荘（飯田市周辺）を出発する。頼房もこれに同行しようとしたが、途中で義弘方の土岐詮直《ときあきなお》の妨害にあって果たせなかった。年末にいったん帰還して再度参洛する予定であったが、義弘が退治されたため、長秀も帰国するとのことだったので、頼房は参洛を中止し高井郡烏帽子形城《えぼしがたじょう》（山ノ内町または木島《きじま》平村《だいらむら》カ）での戦闘に参加したことを報告している。吉田兼敦の日記との整合性を考えると、小笠原長秀は管領畠山基国の軍勢に合流して応永の乱に対応した早い段階で守護職を獲得したと考えられる。

なお、市河頼房が烏帽子形城でいつ戦ったのか、詳しいことはわからない。ただし、このときの戦闘は応永の乱にかかわるものというよりも、長秀の信濃国入部に抵抗する動きと考えるべきだろう。その立地から推測するに、烏帽子形城によって抵抗したのは高梨氏であったと考えられる。島津氏も高梨氏も信濃の国内で影響力を発揮した一族であったことはすでに確認した通りで、そうした人びとが長秀の国内統治への関与に反発するという事態は、父長基が守護であった時期の問題が解消していなかったということであろう。

しかし、信濃国内の有力者たちが守護支配を拒否するという動きは、小笠原長基の後任として斯波氏が守護となった時期にも継続していた。高梨一族は、守護の影響力を排除するために幕府の権威を頼ったのであった。彼らは長い守護支配への抵抗運動のなかで、次第に一族間や周辺地域との連携を深めていったと思われる。高梨氏は室町幕府草創期の幕政が迷走するなかで、「衆中の儀」を実現した実績がある。また、互いの行動に対する理解と共感が、守護方の市河氏をして、反守護勢力の挙兵を「義兵を捧ぐ」と呼ばせるようになっていた。そうした状況のなかで、周辺勢力が結束して一揆を結び、大文字一揆《だいもんじいっき》を結成したのだった。

大文字一揆

この大文字一揆の実態を考えるうえできわめて参考になる史料として、応永二十三年（一四一六）のものと推測される、彼らが作成した注進状が残されている。それは香坂徳《とく》本《ほん》以下、窪寺・三村・西牧・栗田・禰津・春日・原・落合・宮高各氏の一〇氏一一名が署名した注進状で、前年に四代将軍の義持が小笠原長秀に返付した住吉荘（安曇野市）・春近領の知行停止を求めたのであった。

大文字一揆は、義持の将軍就任当初、幕府の御料所（幕府直轄領）となっていた信濃国のうちの安曇・筑摩両郡の代官として、小笠原治罰の御教書《みぎょうしょ》を持って下向した仁科盛輝《もりてる》に従って小笠原長秀と合戦し、禰津一族から戦死者を出したという。彼らは両郡内で、小

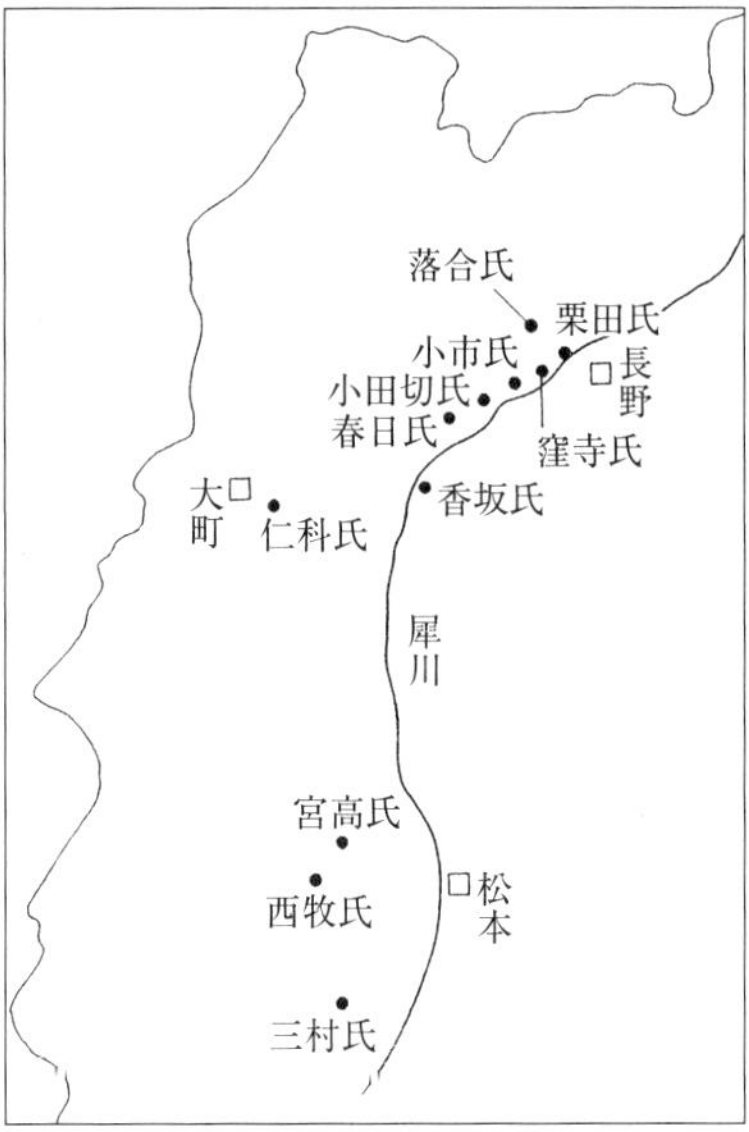

図24　大文字一揆を構成した武士
（『松本市史』２，1996年）

笠原氏と権益が衝突する人びとの集合体であったということだろう。

　このとき大文字一揆が従った仁科盛輝の詳細についてはわからないが、仁科氏は安曇郡仁科御厨（大町《おおまち》市）を出自とし、京都にも拠点をもつ人びとを輩出した一族であった。そうした存在であったからこそ、代官として派遣されたのであろう。そして、そもそも彼らが小笠原氏を拒絶する理由は、小笠原氏が守護職にあったころ、地域に相伝された証拠書類を度外視したために、国内が大混乱したことがあったからだという。

　彼らが「忩劇《そうげき》」と表現した、信濃守護の小笠原長秀と大文字一揆らとが争った混乱状況は応永七年に発生し、「大塔合戦《おおとうがっせん》」と呼ばれている。合戦に至る経緯や経過・結果は軍記物語『大塔物語』に詳しく、大文字一揆の構成員として仁科・禰津・春日・香坂・宮高・西牧・落合・小田切・窪寺の九氏が数えられている。ここには先の一〇氏には見えなかっ

た小田切氏の名があるほか、仁科氏が構成員の筆頭にあげられて、中心的立場にあったことがうかがえる。そして彼らの主要な拠点を考慮すると、犀川《さいがわ》を中心とした権益をめぐる連合体であったと考えられる。

大塔合戦前夜

ところで、大塔合戦を描いた軍記は、おもに合戦後日譚《ごじったん》の記述が詳細か否かによって二系統に分類されて異称も多いが、合戦にかかわる部分には大きく影響しないため、続群書類従《ぞくぐんしょるいじゅう》所収の『大塔物語』を参考として、合戦の発端から確認しておきたい。この『大塔物語』の作者は不明だが、その内容から善光寺に関連する仏教者であった可能性が指摘されている。成立時期もはっきりしないが、文正元年（一四六六）以前には完成していたと考えられ、合戦勃発からそれほど時を経ずに成立したものと思われる。

応永六年（一三九九）、大内義弘が足利義満に反旗をひるがえした応永の乱に対応するなかで守護職を獲得したと考えられる長秀は、翌年七月三日に京都を発って、同月二十一日に佐久郡の一門大井光矩《おおいみつのり》の館（佐久市）に入った。このとき長秀が井川館《いがわやかた》（松本市）にあった父長基を頼らなかったのは、長基が村上氏など地域勢力との連携を深めていたことと関連すると思われる。

長秀と光矩は今後の統治方針を相談し、村上氏をはじめ伴野《ともの》・諏訪・井上《いのうえ》・高梨などの一族に使者を送って協力を求めた。彼らは長秀の下向が幕府の意向である以上、やむを得ないと同意した。ところが、大文字一揆の人びとだけは同意せず、別の人物を守護職に任じるよう要請することとした。

しかし、長秀は吉日を選んで善光寺に入ったのである。善光寺周辺には守護所などが置かれ、門前には市が立って大勢の人出でにぎわっており、信濃の政治的・経済的な中心地であった。また善光寺という「三国一の霊場」とされた宗教施設を拠点とすることで、特別な権威を纏おうとしたのであろう。長秀の善光寺入りの様子は、きわめて華美であった。そして善光寺に入った長秀は、奉行人を定め、大犯三ヵ条に則った制札を立て、慣例に従って政務を執ったという。

合戦の始まり

ところが、集まってきた訴人たちに対する長秀の対応はいい加減なものであった。そのため、大文字一揆の人びとはどのようにすべきか相談した。なかなか意見は一致しなかったが、結局将軍の意向を受けているならばと、まずは礼を尽くして対面したので、長秀は国内をまとめあげたことを大いに喜んだ。このときには、すでに八月二十日を過ぎて収穫の時期となっており、年貢徴収などの業務が盛んに行なわれていた。

宿敵の大文字一揆も恭順の姿勢を示したことに安堵したのか、長秀はさっそく村上氏が知行する川中島《かわなかじま》（長野市）周辺に使者を遣わして、不法に押領した土地であると主張したり、言いがかりをつけて守護役を課すなどといった行為に出たのであった。

当事者の村上満信《みつのぶ》はもちろん、禰津・望月《もちづき》・海野《うんの》の各氏や、大文字一揆の人びとは長秀の行為に反発する。彼らが周辺に事態を説明して協力を呼びかけると、各地の守護使は追い立てられ、あるいは討ち殺されてしまった。このとき、満信らは「国一揆」と号して人びとを糾合し、一方の長秀を支えるべき光矩は「思うところあって途中に控えた」という。光矩は、長秀の行為が村上氏らの激しい反発を買うことを想定していたと思われ、彼の「途中に控えた」という行動は、かつて市河氏が守護方に抵抗する挙兵を「義兵」と称したことに通じるものといえるだろう。信濃国の「忩劇の始」は、長秀が「貪欲の心」をあらわしたことによって引き起こされたのであった。

村上満信らは、小笠原長秀の非法を訴える嗷訴という形で結集したらしく、九月三日にはおのおの軍勢を募って陣をとった。満信ら五〇〇騎余は屋代城《やしろじょう》（千曲市）を発って篠《し》ノ井岡《いおか》（長野市）に、伴野氏ら七〇〇騎余は上島《かみじま》（同市）、海野氏ら三〇〇騎余は山王堂（同市）、高梨氏ら五〇〇騎余は二《ふた》ツ柳《やなぎ》（同市）、井上氏ら五〇〇騎余は千曲川河畔（同市）、大文字一揆八〇〇騎余は芳田崎の石川（同市）にと、それぞれ千曲川を背にして展開した。

これに対して小笠原長秀は、飯田氏など伊那地方の人びとを中心に八〇〇騎余を従えて、

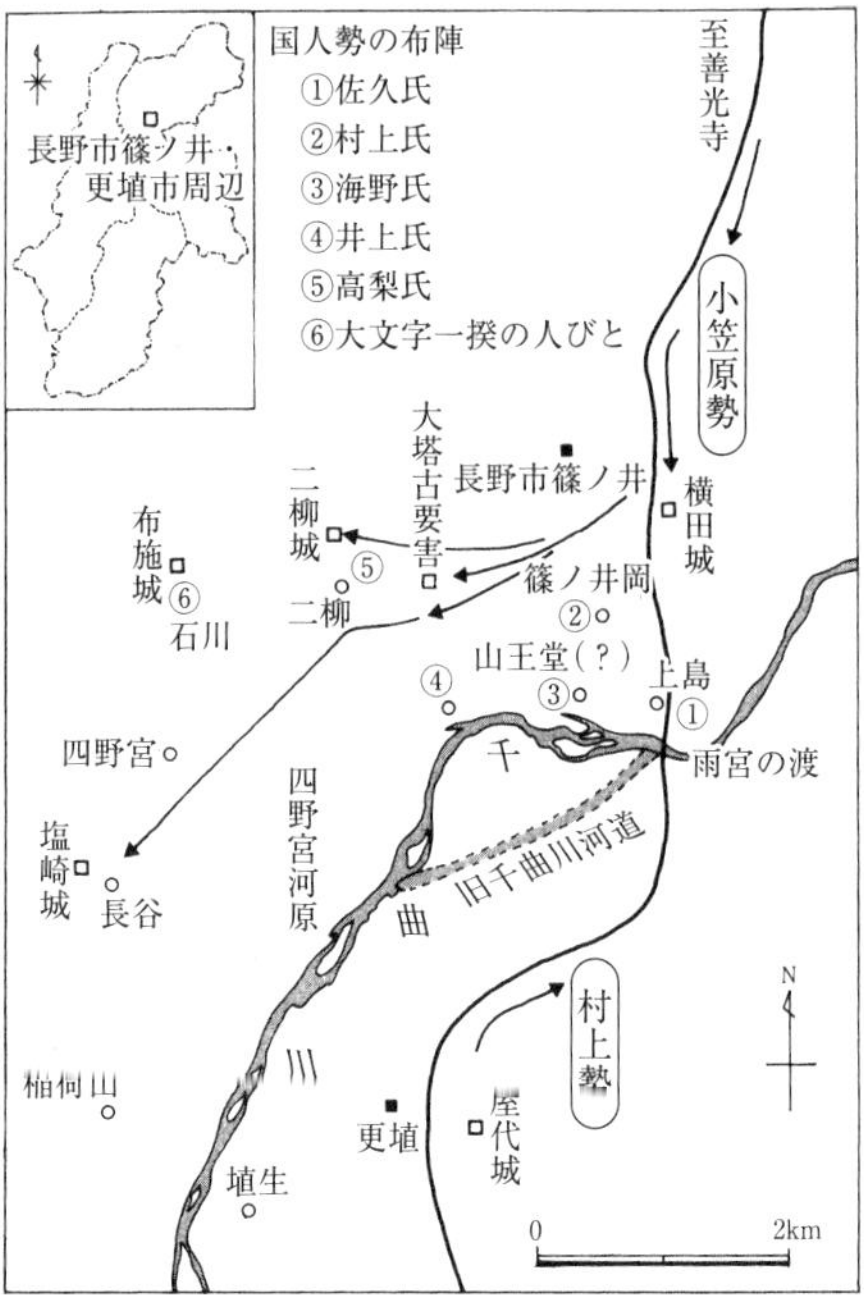

図25　『大塔物語』による小笠原勢の進路と国人勢の布陣図（『県史』3）

二十三日に善光寺を出発、翌日には横田郷《よこたごう》（同市）に至ったという。

合戦の顛末

しかし小笠原勢は、眼前の村上氏たちの軍勢が「目に余る猛勢」だったため、いったん同族の赤沢氏《あかざわし》が拠点としていた塩崎城《しおざきじょう》（長野市）に入って援軍を待つことで評議を決し、二十四日の夜明け前横田郷をひそかに出発した。小笠原長秀勢は足早に塩崎城を目指したが、夜が明けると村上勢に察知されて合戦に及

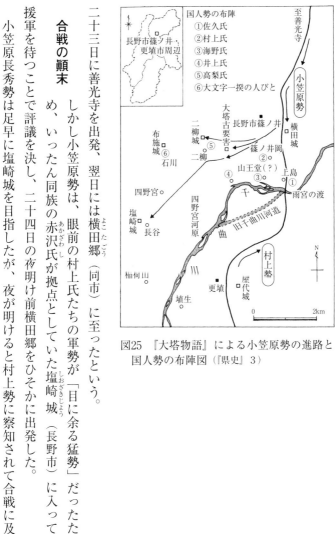

び、その後各所で戦闘が展開された。小笠原勢はよく戦って、長秀自身は負傷しながらも塩崎城に駆け込んだが、大文字一揆との合戦によって、坂西《ばんざいし》氏ら三〇〇騎余は途中の大塔古要害（同市）に逃げ込むことになった。

古要害に入った坂西氏らは急いで防戦体制を整えた。しかし、大文字一揆らに包囲されると、城中には兵糧米が一切なかったので、馬を食料とせざるを得なかった。十月になってようやく塩崎城の長秀に使者を送ることができたが、長秀には援軍を送る手段がなかった。そこで、丸子《まるこ》（上田市）に控えていた大井光矩に協力を求めたが、その返答はなぜか芳しいものではなかった。城中では自害する者もあらわれたため、ついに十月十七日の夜半、城外に打って出て奮戦したが、多くが討ち取られた。

なおこのときも、守護小笠原氏に従った市河氏の一族は合戦の最中に塩崎城と二柳城（長野市）に分断されたらしい。二柳城に入ったのは櫛木石見守入道清忠《くしきいわみのかみにゅうどうせいちゅう》の手に属した市河頼重《よりしげ》であったが、『大塔物語』では「櫛木石見入道は文武二道の達人」として城中で奮闘する様子が描かれており、二柳城が大塔古要害であったとも考えられている。

古要害を攻め落とした村上氏らは、一手に分かれて塩崎城に押し寄せた。塩崎城内の長秀勢には二十四日の戦いで負傷した者も多く、もはやその命運は尽きたかと思われた。このときまで大井光矩は、小笠原氏は「一家の家督」であって見捨てるわけにはいかない、一方で「一同の一揆」に同心しないわけにもいかないと、丸子の陣中で態度を決めかねていた。しかし、さすがにこのままにはしておけないと、とくに願い出て村上満信と協議し、軍勢を撤収することで同意したのであった。

命を助けられた小笠原長秀は、汚名を返上するすべもなく、東海道を経由して京都に戻っていったという。守護の権威を借りて宿願の信濃国統治を実現しようとした長秀の思惑は、地域勢力の結束のもと完全な失敗に終わったのであった。

悪党化を超えて――エピローグ

大塔合戦後の情勢

大塔合戦《おおとうがっせん》に勝利して、守護小笠原長秀《おがさわらながひで》を京都に追った村上氏《むらかみし》や大文《だいもん》字一揆《じいっき》であったが、そのことによって長秀の守護としての権限が完全に否定されたわけではなかった。長秀は合戦直後の応永七年（一四〇〇）十月二十九日、市河頼房《いちかわよりふさ》に志久見山《しくみやま》（栄村《さかえむら》）などの本領を安堵しており、これは大塔合戦で市河氏が守護方に参陣した恩賞であったことは間違いないだろう。

一方で、合戦の勝者であった一揆方の人びとが信濃国内の権益を拡大し得たかといえば、必ずしもそうした事態にはいたらなかった。勝者の須田《すだ》・井上《いのうえ》・高梨氏《たかなしし》らは、敗者である市河氏の所領中野西条《なかのにしじょう》（中野市）に食指を延ばしたらしいが、彼らの行為が認められることはなかったのである。

両者の関係は、合戦の勝者と敗者という立場からすれば理不尽にも思える。しかし、市河氏が大塔合戦では敗者の側に属したとはいえ、あくまでも守護に従った行為であって、その背後には幕府が存在していた。村上氏たち一揆側の大塔合戦における勝利が、幕府に対する勝利であったわけではない、という点は重要である。一揆側も大塔合戦の結果によって、何かが大きく変わることを望んでいたわけではなかった。

そのことは合戦後、彼らが行なった幕府への報告から知ることができる。すなわち、今回の合戦が、守護の権限を使って譜代相伝の所領を掠め取り、非礼を行なった長秀の行動によって図らずも発生したこと、決して将軍をないがしろにしようとしたわけではないこと、改めて「清廉の御代官」が差し下されれば忠節をいたすこと、などを申し送っているのである。

長秀入国当初、大文字一揆が評議した折にも、幕府の意向を無視することはできないという態度が示されており、国内の有力者たちが幕府支配を拒否しようとしたわけではないことは明らかであった。

幕府の対応

一方、自らが任命した守護が赴任先の人びとに拒絶されるという事態は、幕府にとっても重大な事件であった。そこで幕府は応永八年（一四〇一）二月十七日、長秀に替えて斯波義将《しばよしゆき》を信濃守護職に復帰させた。義将は嘉慶元年（一三八七）から一〇年以上も信濃守護職にあって、国内に一定の安定をもたらしており、すでに管領職《かんれいしき》からは退いていたものの、こうした実績から彼の復帰となったと思われる。

斯波義将は、さっそく四月五日に嶋田遠江入道常栄《しまだとおとうみにゅうどうじょうえい》を代官として下向させ、六月二十五日には市河氏の所領を安堵する一方、須田氏らによる市河氏所領に対する押領を停止させた。

義将による信濃国支配は、順調に再開したかにみえた。ところが、幕府は翌年の応永九年五月十四日、信濃国を幕府料所（幕府直轄領）として、六月には代官の依田左衛門大夫《よださえもんだいぶ》と飯尾左近将監《いいおさこんしょうげん》を下向させることとした。この処置は、信濃国の統治に直接かかわろうとする強い意志のあらわれと思われ、義将の手腕に不満があったわけではないだろう。東国と西国の境界線に位置する信濃国内での内乱状況の継続は、幕府にとって黙認しがたいものであったに違いない。

その点は、室町幕府草創期に、信濃国の管轄権が南朝勢力の動静に応じて、しばしば幕府と鎌倉府の間で移動したことを踏まえれば首肯されよう。ただしこの時期の管轄権は、混乱する信濃国周辺の南朝勢力が活動を活発化させると鎌倉府に移っていた。今回の場合は、信濃国に幕府が直接統治してかかわろうとするものであり、従来の対応とは異なっている。今回の料国化の背景にも鎌倉府の動向が影響していたとすれば、それはどのようなものだったのだろうか。

鎌倉府の動向

初代鎌倉公方《くぼう》足利基氏《あしかがもとうじ》は、幼くして鎌倉公方となった自らを支えるべく、父尊氏《たかうじ》が設定した薩埵山《さったやま》体制を解体したあと、次第に独立した行動を示し始めるようになっていった。その基氏が貞治六年（一三六七）に早逝すると、後継者として二代鎌倉公方となった子息氏満《うじみつ》は、関東管領上杉《うえすぎ》氏の補佐を受けて関東支配を強化し、引き続き鎌倉府の独立性を高めていった。そして康暦元年（一三七九）、幕府内部の抗争（康暦の政変）に乗じて将軍足利義満《よしみつ》に対して兵を挙げようとするものの、上杉憲春《のりはる》の諫言によって思いとどまった。このとき以来、義満からの圧力は強まったが、氏満は関東以北への影響力強化に専念し、関東における立場を確固たるものにしていった。

その氏満は応永五年（一三九八）に没し、子息の満兼《みつかね》が三代鎌倉公方に就任する。満兼は、明徳二年（一三九一）に鎌倉府の管轄となっていた奥州《おうしゅう》に対する支配を徹底するため、応永六年に弟の満直《みつなお》と満貞《みつさだ》を下向させた。そしてその年末にかけて、大内義弘《おおうちよしひろ》が義満に対して起こした反乱（応永の乱）には、満兼も加担する密約を交わした。応永六年十一月二十一日に鎌倉を出発した満兼だったが、側近の上杉憲定《のりさだ》に諫められて義弘には合流せず、応永七年三月に鎌倉に戻ったのち、六月には伊豆三島大社《みしまたいしゃ》（静岡県三島市）に宣誓文を提出、義満に対して恭順の意を表明して両者の衝突は回避された。

一方、満兼が鎌倉公方就任直後から進めていた、奥州支配の強化に対する反発は次第に高まっていた。その結果、応永九年には伊達政宗《だてまさむね》を中心とした勢力が反乱を起こしたが、政宗の妻が義満の伯母であったことから、義満と満兼の関係は緊張度を高めたとされる。政宗の行動に対して鎌倉府が軍勢を差し向けたのは五月二十一日とされ、信濃国が幕府の料国とされたのはその一週間前であった。

幕府としては、鎌倉府が東国以北での影響力を強化していくなかで、その動きが西側へ拡大しないように、鎌倉府との管轄圏の境界である信濃国を直接統治して安定化させようとしたのではなかったか。幕府の直轄下に入ったあとも、下向した細川滋忠《ほそかわしげただ》は信濃国内でしばしば合戦を展開することになるが、次第にその回数は減少し、応永二十二年以降には確認されなくなる。この段階で、ようやく信濃国の内乱状況は終息したといえるだろう。

信濃国の南北朝内乱

後醍醐《ごだいご》天皇の倒幕運動に対応することから始まった全国的な内乱状況が、信濃国で終息するまでに八〇年以上の歳月を要した。信濃国では、なぜこれだけの時間が必要であり、この間にどのような変化が生じていたのか。本書の関心に立ち戻って、もう一度整理しながら確認してみたい。

内乱状況が引き起こされた原因はさまざまであるが、鎌倉時代末期の大きな社会問題のひとつである悪党事件の頻発も無関係ではない。悪党たちは荘園制のなかで荘園領主や幕府と対立したため、とくに荘園領主の権限が強かった西国で頻発した。後醍醐の軍事力を当初担ったのが、悪党とも呼ばれた楠木正成《くすのきまさしげ》であり、悪党に隣接する活動範囲をもった赤《あか》松円心《まつえんしん》であった。内乱の発生・展開という段階において、悪党が果たした役割の大きさを示しているだろう。彼らは内乱が進むなかで、武士的な側面を強めて守護の被官《ひかん》となったり、荘園制のなかに取り込まれることによって生き延びていく者も多かった。

信濃国の場合、有力な荘園領主が存在せず、また地理的環境によって分断された地域が多かったことから、広域に影響力を行使し得る地域有力者が誕生しにくかった。そのため悪党をめぐる事件が頻発するという状況にはなかったが、悪党と呼ばれる可能性があった人びとは確認でき、彼らは南北朝内乱期に南朝を支える存在となっていった。

彼らの多くは古来より信濃国内に拠点をもった一族であり、互いに連携しながら地域社会の秩序を保っていた。そのため、あらたに国内に拠点をもつようになった小笠原氏や市河氏などは、地域社会における権益を獲得・保持するために後ろ盾を必要とした。彼らは室町幕府の傘下に入って活動することによって所領を安堵・給与され、それらの所領の正当性が保証されたのであった。

一方で地域内秩序を重視する人びとは、紛争解決の手段に中央政権の裁定を経由せず、「衆中一同の儀」によって解決するという手段を獲得していった。さらに地域内秩序を共有することによって、地域における理非について共通の認識が生まれたと思われ、守護方の武士が守護に抵抗する挙兵を「義兵を捧ぐ」と称して、理解を示すようになっていったのであろう。

こうして次第に強化されていった連携が、もっとも大きな力として表面化したのが、信濃国の地域有力者たちが結集した大文字一揆や村上氏などによる大塔合戦であり、守護小笠原氏を撃退したのであった。ただし、幕府による度重なる恩賞給与や所領安堵と、そうした所領への介入に対する押領停止の裁決は、地域社会に幕府による権利保障の重要性を認識させたと思われる。その結果、大塔合戦前後には幕府からの「清廉の代官」派遣が求められるようになっていったのだろう。とはいえ、そうした代官を受容するためにも、一〇年以上の歳月が必要だったのである。

さて最後に、信濃国で南北朝内乱が展開していくなかで、悪党的な行動をとっていた人びとのありようとその変化について整理しておきたい。

悪党と呼ばれなかった悪党的存在

そもそも悪党たちは、各自がもつ権益の正当性を主張し、それと対立する存在には武力発動も辞さなかった。そのため、荘園領主や幕府だけではなく、生活圏を共有する人びとのなかにも彼らの存在を否定しようとする者たちが発生した。悪党たちが紛争のなかで敗退していく場合の大きな原因のひとつは、この点にあったといえる。

一方、信濃国の悪党的な存在、具体的には井上氏や島津《しまづ》氏、あるいは善光寺《ぜんこうじ》奉行人であった和田《わだ》・原《はら》・窪寺《くぼでら》・諏訪部《すわべ》の各氏などはどうであったか。井上氏や島津氏は地域社会と密接な関係を構築しており、原氏や窪寺氏ものちに大文字一揆の一員となっていることから、周辺との連携関係は構築していたと思われる。残念ながら実態は明らかにし得ないが、彼らは保持する権益を維持するうえで地域内秩序を遵守する姿勢をとったため、悪党とは呼ばれなかったのではなかったか。彼らは地域社会と連帯することによって、自らの行動が悪党事件化することを回避したといえるだろう。

悪党化を超えて

すなわち、信濃国の南北朝内乱の経過から、地域社会が連携し連帯を深めていくなかで、地域有力者が悪党的行動を選択しなかった過程を読み取ることができるのである。深められた連帯が信濃国内へのあらたな侵入者を拒否する原動力となっていったのであり、室町幕府体制下において権利を行使しようとした守護小笠原氏を厳しく拒絶した。

信濃国で南北朝内乱を生き抜いた地域有力者たちの姿は、悪党と呼ばれ得る存在が悪党化しなかった、すなわち悪党化を超えたものと評価できるだろう。南北両朝や室町幕府が権力闘争に明け暮れるなかで、彼らは自発的に地域紛争に向き合わねばならず、相互理解を深めていったと考えられる。内乱を通じて、地域社会では紛争の根源に対する共通理解と共感が醸成されて連帯が深化していったという変化を、統治しようとする側が十分に認識することができなかったために南北朝内乱は長期化した、という側面もあったのではないだろうか。

あとがき

卒業論文のテーマを「悪党」に定め、播磨国矢野荘の寺田悪党と飽間氏、飽間氏と赤松氏との関係を考察し、なんとかかたちを整えて提出したのは、一九八七年だった。このときは「悪党のその後」に注目し、彼らが守護勢力に吸収されていく様子を追ったが、その後は、様々な環境のなかで引き起こされる悪党事件の背景について考えることが増えていった。そして、その成果の一部をまとめたのが『悪党と地域社会の研究』（校倉書房、二〇〇六年）である。

もちろんその間も、「悪党のその後」という初発の関心を失っていたわけではなかった。卒業論文では十分に深められなかったが、悪党事件を経験した地域社会は、それにどのような影響を受けて、いかに変化していったのか、という点が関心の中心であった。「悪党後」の地域社会の姿を明らかにするために、悪党事件発生の背景にこだわったという側面もある。悪党事件を経験する前と後の地域社会を比較し、その変化を明確にすることができれば、悪党が果たした歴史的・社会的な役割も自ずから位置付くと考えたのである。

しかしその作業は遅々として進まず、方向性そのものへの不安が深まり始めていたころ、シリーズ「動乱の東国史」（全七巻）の執筆者の一人に加えていただいた。悪党事件の多くは西国で発生しているため、東国史に造詣が深いというわけではなかったから、お話を頂戴した時にはかなり不安であったが、新たなテーマについて、文字通り一から勉強させていただく良い機会となった。とくに南北朝時代を、自分のなかで通時的に再整理できたことは大きな収穫だった。そしてその作業のなかで最も興味を引かれたのが、内乱期の信濃国内で起こっていた様々な事象であった。ただしそれぞれに興味深い事象を、どのように統一的に理解したらよいのか、「参考文献」に掲げた二〇一七年以降の拙稿三本を構想・執筆しながら模索した。

そうしたなかで、信濃国の地域社会では悪党の「影」が見えそうでありながら、史料からは具体的な姿が確認できないという状況は、「悪党後」の地域社会を考えようとするうえで重要なのではないか、と考えるようになった。「悪党後」の社会とは、悪党事件の発生を未然に防いだ社会と近いものがあるのではないか。武士や国人と呼ばれるような人々を含んだ、悪党事件と呼び得る行動をとることができる存在を、「悪党的存在」としてとらえ直してみたときに、南北朝内乱期の信濃国の変化はどのように描けるのか。そのような視点に立って、シリーズの一冊『南北朝内乱と東国』では通史という性格上、次巻との連続性から触れることができなかった、「大塔合戦」までを検討したのが本書である。果たして、今回の視点が悪党事件を考えるうえで有効なのかどうか、まったく自信はないが、初発の関心に対する自分なりの回答を示せたことは素直によろこびたい。

本書を「歴史文化ライブラリー」にリストアップすることを勧めていただいたのは、「動乱の東国史」シリーズ最終巻刊行後しばらく経ってからだった。お話を頂戴してからまさに暗中模索のなかで、結局一〇年近い月日を費やしてしまった。自身の不勉強と怠惰を恥じ入るばかりだが、最後に、シリーズ以来本書刊行まで、さまざまに御助言くださった吉川弘文館編集部斎藤信子氏と、本書の編集を担当くださった同大熊啓太氏に、厚く御礼申し上げたい。

二〇二一年五月十三日

櫻井彦

参考文献

地方史誌

『長野県史』通史編一・二・三、一九八九年・一九八六年・一九八七年
『大鹿村誌』上巻、一九八四年
『大町市史』二、一九八五年
『須坂市誌』三、二〇一七年
『中野市誌』歴史編〈前編〉、一九八一年
『長野市誌』二、二〇〇〇年
『松本市史』二、一九九六年

著書・論文

石井裕一朗「『諏訪大明神絵詞』成立についての試論」二本松康宏編『諏訪信仰の歴史と伝承』三弥井書店、二〇一九年
井原今朝男『高井地方の中世史』須坂市立博物館、二〇一一年
大西源一『北畠氏の研究』鹿東文庫、一九六〇年
岡野友彦『北畠親房』ミネルヴァ書房、二〇〇九年
海津一朗『楠木正成と悪党』筑摩書房、一九九九年

小泉宜右『悪党』教育社、一九八一年
小林一岳『日本中世の歴史 四 元寇と南北朝の動乱』吉川弘文館、二〇〇九年
小林計一郎『信濃中世史考』吉川弘文館、一九八二年
阪田雄一「足利直義・直冬偏諱考」『史翰』二一号、一九九四年
佐藤和彦『南北朝内乱史論』東京大学出版会、一九七九年
佐藤進一『日本の歴史 九 南北朝の動乱』中央公論社、一九六五年
櫻井 彦『悪党と地域社会の研究』校倉書房、二〇〇六年
櫻井 彦『動乱の東国史四 南北朝内乱と東国』吉川弘文館、二〇一二年
櫻井 彦「地域社会における南北朝内乱についてのノート」『書陵部紀要』六八号、二〇一七年
櫻井 彦「信州中野氏所領相続の再検討」『日本歴史』八四九号、二〇一九年
櫻井 彦「善光寺「寺辺悪党」をめぐって」『藝林』第六八巻第一号、二〇一九年
信濃教育会編『建武中興を中心としたる信濃勤王史攷』信濃毎日新聞社、一九三九年
高橋典幸「荘園制と悪党」『国立歴史民俗博物館研究報告』第一〇四集、二〇〇三年
高橋典幸「悪党のゆくえ」中島圭一編『十四世紀の歴史学』高志書院、二〇一六年
高橋典幸編『中世史講義』〈院政期から戦国時代まで〉・〈戦乱編〉、筑摩書房、二〇一九年・二〇二〇年
花岡康隆「南北朝期における信濃国管轄権の推移についての再検討」『法政史学』七〇号、二〇〇八年
花岡康隆編『信濃小笠原氏』戎光祥出版、二〇一六年
古川貞雄他『長野県の歴史 第二版』山川出版社、二〇一〇年

峰岸純夫『足利尊氏と直義』吉川弘文館、二〇〇九年
村井章介「宗良親王の駿河滞在はいつか」『古文書研究』第八一号、二〇一六年

著者紹介

一九六四年、東京都に生まれる

一九九〇年、早稲田大学大学院文学研究科日本史学専攻修士課程修了

現在、宮内庁書陵部図書課主任研究官、博士（文学）

〔主要著書〕

『悪党と地域社会の研究』（校倉書房、二〇〇六年）

『動乱の東国史 四 南北朝内乱と東国』（吉川弘文館、二〇一二年）

歴史文化ライブラリー

536

信濃国の南北朝内乱

悪党と八〇年のカオス

二〇二一年（令和三）十一月一日 第一刷発行

二〇二二年（令和四）三月二十日 第二刷発行

著　者　櫻《さくら》井《い》彦《よしお》

発行者　吉川道郎

発行所　株式会社 吉川弘文館

東京都文京区本郷七丁目二番八号

郵便番号一一三―〇〇三三

電話〇三―三八一三―九一五一〈代表〉

振替口座〇〇一〇〇―五―二四四

http://www.yoshikawa-k.co.jp/

印刷＝株式会社 平文社

製本＝ナショナル製本協同組合

装幀＝清水良洋・宮崎萌美

ISBN978-4-642-05936-7

歴史文化ライブラリー

1996. 10

刊行のことば

現今の日本および国際社会は、さまざまな面で大変動の時代を迎えておりますが、近づきつつある二十一世紀は人類史の到達点として、物質的な繁栄のみならず文化や自然・社会環境を謳歌できる平和な社会でなければなりません。しかしながら高度成長・技術革新にともなう急激な変貌は「自己本位な刹那主義」の風潮を生みだし、先人が築いてきた歴史や文化に学ぶ余裕もなく、いまだ明るい人類の将来が展望できていないようにも見えます。このような状況を踏まえ、よりよい二十一世紀社会を築くために、人類誕生から現在に至る「人類の遺産・教訓」としてのあらゆる分野の歴史と文化を「歴史文化ライブラリー」として刊行することといたしました。

小社は、安政四年（一八五七）の創業以来、一貫して歴史学を中心とした専門出版社として書籍を刊行しつづけてまいりました。その経験を生かし、学問成果にもとづいた本叢書を刊行し社会的要請に応えて行きたいと考えております。

現代は、マスメディアが発達した高度情報化社会といわれますが、私どもはあくまでも活字を主体とした出版こそ、ものの本質を考える基礎と信じ、本叢書をとおして社会に訴えてまいりたいと思います。これから生まれでる一冊一冊が、それぞれの読者を知的冒険の旅へと誘い、希望に満ちた人類の未来を構築する糧となれば幸いです。

吉川弘文館

歴史文化ライブラリー

出雲の中世 地域と国家のはざま ―― 佐伯徳哉
中世武士の城 ―― 齋藤慎一
戦国の城の一生 つくる・壊す・蘇る ―― 竹井英文
九州戦国城郭史 大名・国衆たちの築城記 ―― 岡寺 良
徳川家康と武田氏 信玄・勝頼との十四年戦争 ―― 本多隆成
戦国大名毛利家の英才教育 元就・隆元・輝元と妻たち ―― 五條小枝子
戦国大名の兵粮事情 ―― 久保健一郎
戦乱の中の情報伝達 使者がつなぐ中世京都と在地 ―― 酒井紀美
戦国時代の足利将軍 ―― 山田康弘
〈武家の王〉足利氏 戦国大名と足利的秩序 ―― 谷口雄太
室町将軍の御台所 日野康子・重子・富子 ―― 田端泰子
名前と権力の中世史 室町将軍の朝廷戦略 ―― 水野智之
摂関家の中世 藤原道長から豊臣秀吉まで ―― 樋口健太郎
戦国貴族の生き残り戦略 ―― 岡野友彦
鉄砲と戦国合戦 ―― 宇田川武久
検証 長篠合戦 ―― 平山 優
織田信長と戦国の村 天下統一のための近江支配 ―― 深谷幸治
検証 本能寺の変 ―― 谷口克広
明智光秀の生涯 ―― 諏訪勝則
加藤清正 朝鮮侵略の実像 ―― 北島万次
落日の豊臣政権 秀吉の憂鬱、不穏な京都 ―― 河内将芳
豊臣秀頼 ―― 福田千鶴
イエズス会がみた「日本国王」 天皇・将軍・信長・秀吉 ―― 松本和也
海賊たちの中世 ―― 金谷匡人
アジアのなかの戦国大名 西国の群雄と経営戦略 ―― 鹿毛敏夫
琉球王国と戦国大名 島津侵入までの半世紀 ―― 黒嶋 敏
天下統一とシルバーラッシュ 銀と戦国の流通革命 ―― 本多博之

近世史

慶長遣欧使節 伊達政宗が夢見た国際外交 ―― 佐々木 徹
徳川忠長 兄家光の苦悩、将軍家の悲劇 ―― 小池 進
女と男の大奥 大奥法度を読み解く ―― 福田千鶴
細川忠利 ポスト戦国世代の国づくり ―― 稲葉継陽
家老の忠義 大名細川家存続の秘訣 ―― 林 千寿
隠れた名君 前田利常 加賀百万石の運営手腕 ―― 木越隆三
明暦の大火 「都市改造」という神話 ―― 岩本 馨
江戸の政権交代と武家屋敷 ―― 岩本 馨
江戸の町奉行 ―― 南 和男
大名行列を解剖する 江戸の人材派遣 ―― 根岸茂夫

歴史文化ライブラリー

江戸大名の本家と分家—野口朋隆
〈甲賀忍者〉の実像—藤田和敏
江戸の武家名鑑 武鑑と出版競争—藤實久美子
江戸の出版統制 弾圧に翻弄された戯作者たち—佐藤至子
武士という身分 城下町萩の大名家臣団—森下 徹
旗本・御家人の就職事情—山本英貴
武士の奉公 本音と建前 江戸時代の出世と処世術—高野信治
近江商人と出世払い 出世証文を読み解く—宇佐美英機
宮中のシェフ、鶴をさばく 江戸時代の朝廷と庖丁道—西村慎太郎
犬と鷹の江戸時代 〈犬公方〉綱吉と〈鷹将軍〉吉宗—根崎光男
紀州藩主 徳川吉宗 明君伝説・宝永地震・隠密御用—藤本清二郎
近世の巨大地震—矢田俊文
外来植物が変えた江戸時代 里湖・里海の資源と都市消費—佐野静代
死者のはたらきと江戸時代 遺訓・家訓・辞世—深谷克己
闘いを記憶する百姓たち 江戸時代の裁判学習帳—八鍬友広
江戸時代の瀬戸内海交通—倉地克直
江戸のパスポート 旅の不安はどう解消されたか—柴田 純
江戸の捨て子たち その肖像—沢山美果子
江戸の乳と子ども いのちをつなぐ—沢山美果子
江戸時代の医師修業 学問・学統・遊学—海原 亮
江戸幕府の日本地図 国絵図・城絵図・日本図—川村博忠
踏絵を踏んだキリシタン—安高啓明
墓石が語る江戸時代 大名・庶民の墓事情—関根達人
石に刻まれた江戸時代 無縁・遊女・北前船—関根達人
近世の仏教 華ひらく思想と文化—末木文美士
松陰の本棚 幕末志士たちの読書ネットワーク—桐原健真
龍馬暗殺—桐野作人
日本の開国と多摩 生糸・農兵・武州一揆—藤田 覚
幕末の世直し 万人の戦争状態—須田 努
幕末の海軍 明治維新への航跡—神谷大介
海辺を行き交うお触れ書き 浦触の語る徳川情報網—水本邦彦
江戸の海外情報ネットワーク—岩下哲典

文化史・誌

落書きに歴史をよむ—三上喜孝
山寺立石寺 霊場の歴史と信仰—山口博之
跋扈《ばっこ》する怨霊 祟りと鎮魂の日本史—山田雄司
神になった武士 平将門から西郷隆盛まで—高野信治
将門伝説の歴史—樋口州男

歴史文化ライブラリー

空海の文字とことば——岸田知子
殺生と往生のあいだ 中世仏教と民衆生活——苅米一志
浦島太郎の日本史——三舟隆之
〈ものまね〉の歴史 仏教・笑い・芸能——石井公成
戒名のはなし——藤井正雄
墓と葬送のゆくえ——森　謙二
運　慶 その人と芸術——副島弘道
ほとけを造った人びと 止利仏師から運慶・快慶まで——根立研介
祇園祭 祝祭の京都——川嶋將生
洛中洛外図屏風 つくられた〈京都〉を読み解く——小島道裕
化粧の日本史 美意識の移りかわり——山村博美
乱舞の中世 白拍子・乱拍子・猿楽——沖本幸子
神社の本殿 建築にみる神の空間——三浦正幸
古建築を復元する 過去と現在の架け橋——海野　聡
大工道具の文明史 日本・中国・ヨーロッパの建築技術——渡邉　晶
苗字と名前の歴史——坂田　聡
日本人の姓・苗字・名前 人名に刻まれた歴史——大藤　修
大相撲行司の世界——根間弘海
日本料理の歴史——熊倉功夫
日本の味 醤油の歴史——林　玲子・天野雅敏編
中世の喫茶文化 儀礼の茶から「茶の湯」へ——橋本素子
香道の文化史——本間洋子
天皇の音楽史 古代・中世の帝王学——豊永聡美
流行歌の誕生 「カチューシャの唄」とその時代——永嶺重敏
話し言葉の日本史——野村剛史
柳宗悦と民藝の現在——松井　健
たたら製鉄の歴史——角田徳幸
金属が語る日本史 銭貨・日本刀・鉄炮——齋藤　努
書物と権力 中世文化の政治学——前田雅之
気候適応の日本史 人新世をのりこえる視点——中塚　武
災害復興の日本史——安田政彦

各冊一七〇〇円～二一〇〇円（いずれも税別）
▽残部僅少の書目も掲載してあります。品切の節はご容赦下さい。
▽品切書目の一部について、オンデマンド版の販売も開始しました。
詳しくは出版図書目録、または小社ホームページをご覧下さい。